Leben unter veränderten Bedingungen
Marienberger Klausurgespräche 1

Marienberger Klausurgespräche
Band 1

Die Marienberger Klausurgespräche finden alljährlich im Benediktinerkloster Marienberg in Burgeis für Führungskräfte aus Politik, Wirtschaft, Soziales und Kultur statt.

Um die dort gehaltenen Referate einem größeren Kreis von Interessierten zugänglich zu machen, werden in unregelmäßiger Folge die »Marienberger Klausurgespräche« publiziert.

Walter Paris (Hg.)

Marienberger Klausurgespräche 1

Leben unter veränderten Bedingungen

Alfred & Söhne, Verleger

Herausgegeben mit dem Beitrag
des Assessorates für deutsche Kultur
der Provinz Bozen

und
der Stiftung der Südtiroler Sparkasse

Die Illustrationen in diesem Buch stammen von Bernd Guggenberger und wurden bei der 23. Kunstbegegnung der Thomas Morus Akademie in Bergisch-Gladbach (BRD) im Frühjahr 1997 ausgestellt unter dem Titel:

Das Alphabet der Zweige
Objekte, Materialbilder, Rauminstallationen

ISBN 88-86057-09-1

Gesamtherstellung: Linotipia Colombo, Bozen
Umschlaggestaltung: Mediamacs, Bozen, unter Verwendung einer Collage von Dieter Schnebel, 1994
Photographie: Andreas Würbel (Objekte: Bernd Guggenberger)

Alfred & Söhne, Verleger
Etschmanngasse 6 • I-39012 Meran
Fax + 39 (0473) 23 30 46

Printed in Italy

Der benediktinische Geist steht im krassen Widerspruch zu jedwedem Programm der Zerstörung.
Er ist ein Geist der Rettung und der Entfaltung, geboren aus dem Wissen um den göttlichen Heilsplan und geformt in der täglichen Verbindung von Gebet und Arbeit.

Inhalt

Zum Geleit

Wohl noch nie war die Zukunft so sehr brisante Gegenwart wie heute. Große Veränderungen verlangen immer weiterreichende Entscheidungen, deren Tragweite nur in Ausnahmefällen abzusehen ist. Zu den »alten« Problemen unserer Gegenwart: Umweltbelastung und Neue Armut in den entwickelten Industrieländern, Überbevölkerung und Hunger in der Dritten Welt, sind mit der Selbstbefreiung der Völker im Osten Europas und dem EU-Einigungsprozeß zahlreiche neue Problem-Konstellationen hinzugetreten.

Sie bieten zum einen Zugewinn an Freiheit und versprechen gesellschaftliche Entwicklung, zum anderen bergen sie hohe Gefahrenpotentiale.

Die letzten beiden Jahrhunderte haben einer gigantischen Industrialisierung und mit ihr einer tiefgreifenden Umgestaltung des gesellschaftlichen Lebens den Weg geebnet. Ihre herausragenden Merkmale sind der Triumph des naturwissenschaftlichen Denkens und eine weitreichende Entbindung des Individuums von tradierten Rollenmustern.

Mitte und Maß, vor allem die systemstabilisierenden Faktoren Nachhaltigkeit und Solidarität wurden hingegen kaum eingeübt, ja, sie gingen in vielen Bereichen sogar verloren.

An der Schwelle zum dritten Jahrtausend ist es daher angezeigt, in Politik, Wissenschaft, Kultur und Religion Bilanz zu ziehen.

Es sind in ihnen erneut und neu Antworten auf die grundlegenden Fragen in der menschlichen Geschichte als konsensfähige Konzepte für eine lebenswerte Zukunft zu suchen und Maßnahmen zu treffen, die es uns ermöglichen, die Wahrnehmung der Bedürfnisse unserer vielfältigen Mitwelten und der darin eingebundenen Mitmenschen zu fördern und stärken.

Vom Benediktinerorden sind in seiner über 1400jähriger Wirkungsgeschichte immer wieder Impulse der geistigen Sinngebung, Orientierung und Erneuerung für Europa ausgegangen. Wenn wir nun in Form von Klausurgesprächen die Führungskräfte unseres Landes zur Auseinandersetzung mit den brennenden Themen der Zeit für jeweils zwei Tage Abgeschiedenheit aus ihrer termingedrängten Alltäglichkeit zu uns ins Kloster einladen, so nehmen wir damit zuerst die Verpflichtung ernst, wie sie der benediktinische Geist uns auferlegt, und folgen zweitens den Geboten, wie sie mit der Ernennung des Heiligen Benedikt zum Patron Europas durch Papst Paul VI wie selbstverständlich auf eine gegenwartsbezogene Klostergemeinschaft zukommen.

Wie sehr es des bildenden und erziehenden Geistes unseres heiligen »Boten des Friedens« und »Architekten der Einheit« bedarf, damit die politischen und wirtschaftlichen Beziehungen in eine ehrliche Stärkung der menschlichen und christlichen Solidarität einmünden, bedarf keiner gesonderten Bemerkung. Denn wie sehr Europa noch von seine Idealen entfernt ist, zeigen uns die täglichen Dramen auf dem Balkan. Doch auch bei uns selbst nehmen die Spannungen zu und wir sind Zeugen einer Sinnkrise, die an die großen Umwälzungen in der Geschichte gemahnt.
Gerade in solchen Zeiten ist Besinnung, sind wegweisende Worte, wie sie die in diesem Band abgedruckten Referate aus den ersten beiden Marienberger Klausurgespräche enthalten, besonders wichtig.

Marienberg, im Frühjahr 1997 *Abt Bruno Trauner*

Einleitung

Leben und Führen unter geänderten Verhältnissen

Die Menschheit kann ihre Zukunft grundsätzlich nicht einsehen. Die heute vorherrschenden Trends sowie die möglichen Fortschritte in der menschlichen Evolution sind daher samt einhergehender Wissenserweiterung und Technikänderung mit letzter Gewißheit in ihrer positiven oder negativen Zukunftsauswirkung nicht zu bestimmen. Vielmehr gilt, daß bei der gegenwärtigen Weltlage stets mit einer bestimmten Grundambivalenzen zu rechnen ist, so daß kaum eine herausragende Erscheinung unserer Zeit diskutierbar wäre, ohne ihrer möglichen positiven Kommentierung zugleich eine negative Lektüre zur Seite stellen zu müssen.
Gewiß ist in solchem Weltverhältnis nur, daß eine passive Verharrung oder das nicht zur Kenntnisnehmen Wollen der globalen Gefahren das Risikopotential erhöht und kraft der Trägheit die denkbaren Katastrophen aller Voraussicht nach auch eintreten läßt.

Die Zeit drängt, insbesondere wenn wider besseres Wissen oder tief innerlich gefühlter Empfindung der einzelne die Verantwortung für die weitreichenden Folgen seines eigenen Tuns nicht mehr anzunehmen bereit ist. Dann wächst ob des schwindenden Gerechtigkeitsempfindens und mangelnder Fairneßkompetenz die Quantität der zahllosen, von Indifferenz geprägten Handlungen im Umgang mit den uns geliehenen Ressourcen der Natur und gegenüber den Mitmenschen zu einer neuen Qualität der Natur- und Gesellschaftszerstörung heran, zum »Fortschritt mit Seelenverlust«.[1] Modernisierung, wie sie uns programmatisch in die Wiege gelegt wurde, kennt keinen Halt, keine Etappen, und im Hinblick auf das mögliche Bessere wird das Hergebrachte ohne Rast gewaltigen Transformationsprozessen unterworfen. Sie befreien, und sie engen ein. Die industriegesellschaftlich entfesselten Gefährdungspotentiale haben zwischenzeitlich auch den letzten Krähwinkel erreicht und lassen nach Natur und Heimat nun Seele und Körper Schaden erleiden.

Gemäß der Einsicht Carl Friedrich von Weizsäckers, »daß kein Frieden unter den Menschen ohne Frieden mit der Natur möglich ist, wie es keinen Frieden mit der Natur ohne Frieden unter den Menschen geben kann«, haben wir in einer verantwortungsethisch ausgewiesenen Alltagspraxis so zu handeln, daß nichts auf der Welt nur für anderes da ist, alle Dinge und Lebewesen in ihrem Eigenwert und als Ausdruck des Ganzen der Schöpfung geachtet werden.

Die in diesem Buch explizit angemahnten friedensstiftenden Verhaltensweisen und die Aufforderung zu globaler Verantwortlichkeit gegenüber den Mitmenschen und unseren vielfältigen Umwelten verlangen in unserem politischen wie auch wirtschaftlichen Handeln nach grundlegenden Neuorientierungen, wie sie unter den Stichworten »nachhaltige Entwicklung« oder »menschengemäße und soziale Arbeitsbedingungen« international diskutiert werden. Sie fordern ein neues Gleichgewicht zwischen dem gegenwärtigen Konsumdenken und den drängenden Zukunftsinvestitionen, zwischen Arbeit und Umwelt, zwischen Leistung und

Gerechtigkeit aus der Erkenntnis, daß

- es langfristig kein wirtschaftliches Wachstum geben kann, das nicht umweltverträglich ist;
- die Produkte, Produktionsprozesse und Dienstleistungen zu einer dauerhaften tragfähigen Entwicklung gesellschaftlicher Nützlichkeit beitragen müssen und können;
- der offene Dialog mit allen Gruppen in der Gesellschaft, ihren öffentlichen Einrichtungen und den privaten Wirtschaftsunternehmen zu führen ist, indem die Probleme und Chancen frei erörtert und vertrauensbildende Maßnahmen aufgebaut werden.

Dies gilt auf kommunaler Ebene ebenso wie im internationalen Kontext und speist sich aus der von John Naisbitt formulierten stimulierenden Losungsumkehrung: »Global handeln, lokal denken.«

Zentral für diesen zukunftsträchtigen Handlungsrahmen ist die mit der Faktor-4-Argumentation[2] vorangetragene Anschauung, daß der gegenwärtige Zieldualismus zwischen Ökologie und Ökonomie nicht unauflösbar ist - im Gegenteil. Und sie gründet in der Einsicht, daß ohne Beachtung unserer sozialen und ökologischen Grundlagen ökonomisches Handeln auf Dauer nicht mehr möglich sein wird.

Doch Übergang und neue Konzepte können nicht von heute auf morgen entwickelt werden, und die zukunftsträchtigen Lösungen brauchen trotz gebotener Eile ihre Zeit. Hemmend wirken sich hier neben allerlei Beharrungstendenzen im öffentlichen Verwaltungs- und Verbandswesen jene Mechanismen unserer marktwirtschaftlichen und verfassungsrechtlichen Ordnung aus, denen wir zugleich Wohlfahrt und Freiheit verdanken: die regelmäßig wiederkehrenden Wahlen in der Politik und das profitorientierte Interesse in der Wirtschaft.

Beide konzentrieren sich auf kurzfristige Aufmerksamkeitsspannen, wo langfristige Planung notwendig ist. Und nicht zu unterschlagen bleibt, daß auf der Individualebene nur der sich zu Langzeitperspektiven motivieren läßt, der auch in der Gegenwart einen annehmbaren Lebensstandard genießt; schließlich muß jeder demokratisch legitimierte Wandel mehrheitsfähig sein. Weil nun die Wirtschafts- und Politik-Eliten samt zuarbeitenden Bürokratien von der kurzfristigen Zustimmung der besitzstandfixierten Wählermehrheit abhängig sind, entwickeln sich unsere Gesellschaften zu stationären, zunehmend reformunfähigen Politik- und Verwaltungskulturen. Eine politische und administrative Führung aber, die sich unter das Diktat der Gegenwart zwingen läßt, verschärft jede Krise, verabsäumt den notwendigen Wandel und verbaut den nachfolgenden Generationen ihre Zukunft.

Die Zeit für einen Paradigmenwandel in Wirtschaft und Politik ist reif

Ein neues Denken, neue Perspektivenentwicklung, der Mut zu mehr Zukunft, offenes Fragen und die Verweigerung vorgefertigter Anworten auch dort, wo es schmerzt, sind nicht nur von den Regierungen und der öffentlichen Hand zu fordern, sondern auch von den Unternehmern und Wirtschaftstreibenden, letztlich von uns allen. Zu viele haben sich auf die Bewahrung des Bestehenden zurückgezogen und jede Risikobereitschaft aufgegeben.

So wie wir in der Wirtschaft den Schumpeter'schen Unternehmer mit der Lupe suchen müssen, geht auch bei weiten Kreisen der Bevölkerung eine wachsende Abschottungsmentalität um. Die jüngste Mode des Rückzugs in die eigenen vier Wände, das Cocooning, ist

bezeichnend für die Gefühlslage der sich entsolidarisierenden Gesellschaft und ihrer Aufgabe des öffentlichen Raumes respektive dessen panoptische Ausleuchtung.
Weder der privatistische Rückzug in die Vogel-Strauß-Stellung, noch der Total-Ausstieg in die ganz andere Gesellschaft, den zahlreiche gesellschaftliche Alternativbewegungen fordern, noch die völlige Deregulation, wie sie marktschreierisch immer wieder neoliberale Wirtschaftskreise einklagen, können zukunftsträchtige Antworten auf die gegenwärtigen Herausforderungen sein. Denn damit lösen wir die Arbeitsmarktprobleme im Rahmen der wirtschaftlichen Internationalisierung, die Lebens- und Rentenfragen im Zusammenhang mit der demographischen Revolution, die Ängste und realen Strukturverwerfungen der weltweit in Bewegung gesetzten Migrationen nicht.
Die lähmende Beschränkung auf tradierte Alternativen zu sprengen, ist eine der wesentlichen Aufgaben unserer demokratischen Gesellschaftsordnung. Dies setzt voraus, daß alle Betroffenen bei dieser für das Gedeihen langfristig tragfähiger Lebensgrundlagen notwendigen Modernisierung und Umgestaltung mit unkonventionellen Ideen und innovativen Handlungsansätzen im Rahmen unserer gesellschaftlichen Grundordnung teilhaben können.

Von ausschlaggebender Bedeutung wird also, daß allen Menschen ein notwendiges Maß an gleichen Teilnahmechancen in unserer Gesellschaft garantiert wird, wobei die Chancenvielfalt die Chancenteilnahme vergrößert. Mehr Rechte bedeuten hier auch ein Mehr an Freiheit, ohne die der notwendige Wechsel von der derzeitigen Individualverantwortung zur Globalverantwortung vom einzelnen als neue Pflicht innerlich nicht angenommen werden wird. Das bedeutet, daß vermehrt Anstrengungen zur Neudefinition des Gemeinwesens und des Gesellschaftsvertrages (mit garantier-

tem Grundeinkommen) zu unternehmen sind, um zu vermeiden, daß die vollen Teilnahmechancen an den Staatsbürgerrechten und der wirtschaftlichen Wohlfahrt nicht zu einem Privileg jener verkommen, die in der prophezeiten »20/80-Gesellschaft«[3] die refeudalisierten Arbeitsplätze einnehmen werden.
Institutionen sind nur so lange lebendig, also sie aktiv von ihren Benutzern mitgetragen werden. Dies ist im hergebrachten Prozeß politischer Problemlösestrategien zu wenig beachtet worden, so daß der Staat und seine Repräsentanten durch Kompetenz- und Zuständigkeitsanhäufung nunmehr kontraproduktiv überfordert sind. Umgekehrt ist »auf die eigene Kraft vertrauen nicht dasselbe wie totale Unabhängigkeit. Selbständige, selbstverwaltete Gemeinschaften, nicht Individuen, sind die Basiseinheit einer demokratischen Gesellschaft. Mehr als alles andere ist es der Niedergang solcher Gemeinschaften, der die Zukunft der Demokratie in Frage stellt,« formulierte Christopher Lasch gleichsam vermächtnishaft in seinem letzten Buch »Die blinde Elite«.

Zum Ende dieser panoramischen Gedankenführungen in die gegenwärtige Gesellschaftsbefindlichkeit und den daraus folgenden Handlungsverpflichtungen läßt sich als oberste Maxime für all unser Tun verbindlich formulieren:

> *Handle stets so, daß die Folgen Deiner Handlungen die Optionen und Handlungsmöglichkeiten aller anderen nach Möglichkeit erhöhen oder jedenfalls nicht einschränken.*

Das heißt, gebotsmäßig formuliert: Tu alles so, daß es dem Leben als Ganzem nützt. Oder alttestamentarisch: Wähle das Leben.[4]
Diese Handlungsaufforderung entspricht
1. angesichts des rasch wachsenden Risikopotentials in unserem Weltverhältnis dem zentralen Verant-

wortungsprinzip der »Erhaltung der eigenen Voraussetzung als bejahender Pflicht zum Sein für alle späteren Generationen« (Hans Jonas) und schließt

2. die Erkenntnis ein, daß fast alles, was der Mensch geworden ist, seiner Irrtumsfähigkeit verdankt (Bernd Guggenberger). Diese ist zunehmend mehr gefährdet und ihre Erhaltung daher prioritär für ein humanes Lebensprogramm mit dem Recht auf eine Welt mit unvollkommenen Menschen, die auch in Zukunft noch Fehler begehen dürfen, ohne daß sich diese zu nicht wiedergutzumachenden, gattungsbedrohenden Schadensfolgen auswachsen können.
3. Als implizite Sparsamkeitsregel, die besagt, daß wir mit nichts Verschwendung treiben dürfen und die Welt als uns geliehene anzusehen haben, ist sie von zukunftsweisender und lebenserhaltender Güte.

Die Befolgung dieser Handlungsmaxime setzt auf der personalen Ebene eine Tugendhaltung voraus, die sich kategorial mit den vier alten Kardinaltugenden umschreiben läßt, das heißt

- der Gerechtigkeit als ebenso umfassendes wie maßvolles Abwägen des Für und Wider, das auch die jeweils andersgeartete Meinung zuläßt und in der Ehrfurcht vor allem Geschaffenen gründet;
- der Klugheit, ohne die Mäßigkeit nicht zu haben ist und derer wir bedürfen, um die anstehenden Sachverhalte genau zu erfassen und mit prüfender Souveränität umzusetzen;
- der Mäßigkeit als Abkehr von unserem ebenso geist-, wie leib- und sinntötenden Konsumismus, der zunehmend die natürlichen Ressourcen des Menschen, die Umwelten der Arten sowie diese selbst irreversibel zerstört und unser gesellschaftliches Zusammenleben nachhaltig deformiert;
- der Tapferkeit als Zivilcourage, die sich gesellschaft-

lichen Moden und Opportunitäten widersetzt und den einzelnen zu exemplarischem Tun befähigt.

Die breite Durchsetzung dieser Handlungsmaxime erfordert nicht nur unermüdliche Aufklärungsarbeit und Führungspersönlichkeiten mit Vorbildcharakter, sondern sie fordert auch zwingend die dauerhafte Änderung unserer Denk- und Handlungsgewohnheiten, die Entwicklung eines neuen Idealismus und eine völlig neue Konzentration auf die Bildung.
Bildung macht den Menschen menschlich indem sie in gegenüber sich selbst, dem Nächsten, der Menschheit als Ganzes, der Natur, der Kultur und der Sprache in die Verantwortung nimmt.
Bildung befähigt ihn, gemeinsam mit anderen ins Gespräch zu treten, also neue Realitäten im gemeinsamen Gebrauch der Vernunft zu schaffen, denn nichts anderes als Wirklichkeitserzeugung, Schaffung neuer Handlungsoptionen »entsteht« im Nehmen und Geben eines gelungenen Gesprächs. Sein Feld ist das denkbar weiteste überhaupt und umfaßt

1. die Beziehung zur Materie – und damit auch zur Landschaft,
2. die Beziehung zum Geist – und damit zu allem Immateriellen und Jenseitigen, inklusive der Verstorbenen,
3. die Beziehung zur Gemeinschaft – und damit zu ihren Traditionen, ihrer Historie und ihrem Brauchtum,
4. die Beziehung zum Eigenen, also zum eigenen Tun und zur eigenen Verantwortung, und schließlich
5. die Beziehung zum Fremden, damit die Aufnahme des Dialogs mit allen Menschen, Kulturen und Lebensräumen der Erde.

Die im vorliegenden Band gesammelten Referate der beiden ersten Marienberger Klausurgespräche skizzieren in interdisziplinärer Vielfalt programmatisch einige Kernelemente dieser zukünftigen Bildungsgesellschaft und geben Planungsinstrumente zur Neuorientierung des Lebens an in einer Zivilisation, deren herausragendes Merkmal die Optionierung aller Lebensformen und der Untergang des Selbstverständlichen ist.

Walter Paris

---

[1] Er tritt immer dann auf, wenn die Seele nicht mehr mitkommt, die komplementären Nachtseiten des Lebens ausgeblendet werden – und mit ihnen die vitalen Träume, die Kunst und die Phantasie zu Schanden gehen. Siehe hierzu Theodor Abt (1983) Fortschritt ohne Seelenverlust.- Bern, Hallwag Verlag

[2] Ernst Ulrich von Weizsäcker, Amory B. Lovins, L. Hunter Lovins (1995) Faktor Vier. Doppelter Wohlstand – halbierter Naturverbrauch. Der neue Bericht an den Club of Rome.- München

[3] Siehe hierzu Hans-Peter Martin, Harald Schumann (1996) Die Globalisierungsfalle. Der Angriff auf Demokratie und Wohlstand.- Reinbek

[4] »So wähle das Leben, damit du lebst, du und deine Nachkommen.« 5. Mose 30,19

Eugen Biser

Von der Botschaft zum Botschafter
Glaube im radikalen Wandel

Daß die Wirklichkeit sich der Theorie entzieht und die Theorie von der Wirklichkeit überholt wird, diese Tatsache möchte ich unter dem Gesichtspunkt *Sachzwang* an die Spitze meiner Ausführungen stellen. Ich spreche also zunächst von den Rahmenbedingungen der Zeit, in der wir uns befinden und die ja aufregend genug ist. Und ich denke, diese Zeit könnte gekennzeichnet werden als eine progressiv-reaktionäre oder – wie ich vielleicht lieber noch sagen möchte – als eine avantgardistisch-atavistische. Ich getraue mich nicht, einen geschlossenen Gesamtbegriff anzubieten, sondern ich versuche eine dialektische Zeitbestimmung und möchte das mit ein paar Sätzen erläutern.

Zunächst einmal das avantgardistische Element, das dadurch gekennzeichnet ist, daß die Wirklichkeit deren Deutung, die Theorie, überholt und dem theoretischen Zugriff entgleitet. Ich möchte das zunächst einmal festmachen an der politischen Entwicklung: daß wir Zeugen einer ungeheueren Umschichtung sind, die nicht einmal von den kühnsten Zeitdiagnostikern auch nur geträumt, geschweige denn vorausgesehen worden ist, das bedarf überhaupt keiner Erwähnung. Erwähnenswert ist aber die Tatsache, daß die Theoreti-

ker und Zeitdeuter dem gegenüber in eine merkwürdige Passivität verfallen sind – ich erinnere in diesem Zusammenhang an das soeben preisgekrönte Werk von Joachim Fest, der mit dem Titel 'Der zerstörte Traum' eigentlich einen Siegesschrei ausgestoßen hat, weil nun endlich das Zeitalter des Träumens, der Utopien, der Hoffnungen ein Ende gefunden habe. Statt dessen redet er einer Zeit der traumlosen Nüchternheit das Wort. Es ist aber im Grunde das Eingeständnis, daß ihm ein Verständnis des Geschehens fehlt; und ich sehe das auch bei allen, die außer ihm als berufene Sprecher des Zeitgeschehens angesprochen und angerufen werden müßten: die Literaten, die Philosophen und nicht zuletzt die Theologen. Daß wir bis zur Stunde keine Enzyklika haben über das, was in den letzten Jahren vor sich gegangen ist, empfinde ich als etwas mich persönlich tief Deprimierendes, denn wozu hat uns das Konzil aufgerufen, die Zeichen der Zeit zu deuten, wenn nicht zu solchen mit leuchtenden Lettern an die Wände des Zeitalters geschriebenen Zeichen, wie sie gerade durch die Vorgänge seit der sogenannten Wende gegeben sind?
Diese besonders die Theologen betreffende Sprachlosigkeit erschüttert mich im Innersten und ich sehe nicht, wie abgeholfen werden kann.

Was ich von der Zeit her jetzt allzu kurz gesagt habe, gilt selbstverständlich auch von jenem Phänomen, das wie wohl kein anderes unser Schicksal in dieser Zeit bestimmt. Das ist die Technik und nicht zuletzt die Medientechnik. Auch hier erleben wir diesen merkwürdigen Überhang der Wirklichkeit und des Machbaren gegenüber dem theoretischen Zugriff, und ich sehe darin eine ganze Fülle von Phänomenen, die theoretisch einfach nicht eingeholt werden.

Die Raumsonden liefern uns Daten aus der Tiefe des

Universums, die sich dem bisherigen Weltbild z. T. schon zu entziehen drohen, in der Gentechnik werden Dinge machbar, Wesen werden geschaffen, wie die »Schiege« z. B., die sich der gängigen Klassifizierung entziehen. Es ist auch auf diesem Sektor das zu konstatieren, was ich das Entgleiten der Wirklichkeit aus dem theoretischen Zugriff zu nennen pflege.
Und dasselbe gilt in der Kunst! Das imaginäre Museum von André Malraux ist längstens schon zum imaginierten Museum geworden. Wenn man an Joseph Beuys denkt in der Malerei, der darstellenden Kunst oder an John Cage in der Musik, dann beobachte ich auch hier, daß Dinge geschehen, die sich eigentlich der klassischen Theorie entziehen. Das Kunstwerk ist, um es jetzt anders zu formulieren, partiell aus der Hand des Künstlers in die des Rezipienten übergegangen. Kunst wird nicht so sehr rezipiert, sondern vom Rezipienten mitgestaltet und produziert; und selbstverständlich hat das mit dem zu tun, was ich jetzt noch deutlicher als bisher das Erschlaffen der Theorie in unserer Zeit nennen möchte.

Die Theorie scheint sich aus ihrem Heimatgebiet, der Philosophie, in ihr Randgebiet, nämlich in die Wissenschaft – das ist aber kein Werturteil – zurückgezogen zu haben. In der Wissenschaft, da allerdings feiert sie nach wie vor ihre großen Triumphe. Staunend lesen wir in den Wissenschaftsbeilagen der großen Zeitungen von neuen Erkenntnissen, von neuen Funden, neuen Entdeckungen und neuen Konzepten; aber es ist ebenso unbestreitbar, daß die Philosophie unserer Zeit in den Zustand tiefer Ratlosigkeit versunken ist, sofern es erlaubt ist, die sogenannte Postmoderne als signifikant für diese Entwicklung heranzuziehen und geltend zu machen. Dort herrscht ja bekanntlich das Prinzip Beliebigkeit, dort ist der ausdrückliche Verzicht auf jeden umgreifenden Gesamthorizont deklariert worden

und zusammen mit dem Horizont, der im theologischen Verständnis gar nichts anderes ist als die Gottesidee, wie sie im anselmischen ontologischen Gottesbeweis definiert worden ist –, zusammen mit dem Horizont ist auch der Mittelpunkt, das denkende Subjekt in einen Zustand totaler Beliebigkeit abgeglitten und insofern unfähig, noch als Deuter des Geschehens und der Zeit gelten zu können. So viel zu diesem avantgardistischen Zug.
Nun noch einige Bemerkungen zum atavistischen Gegenzug. Daß wir im Augenblick gerade in der Philosophie eine tiefe Krise erleben, das wird vielleicht durch zwei Titel deutlich, die dafür symptomatisch sind. Der eine bezieht sich das Schlüsselwort des Renè Descartes, das *cogito* sum, gepaart mit dem methodischen Zweifel, der das eigentliche Instrument philosophischer Reflexion über die letzten Jahrhunderte hinweg gewesen ist. Und ausgerechnet in unseren Tagen schreibt Leszek Kolakowski ein Buch mit dem Titel 'Zweifel an der Methode'.

Das eigentliche Instrument neuzeitlichen Denkens, neuzeitlicher Reflexivität ist von ihm auf eine höchst bezeichnende Weise in Zweifel gezogen worden, aber was dann an Stelle dessen kommt, das hat noch kaum Kontur – immerhin könnte man von einer Wiederkehr des Mythos in unserer Zeit sprechen. Es ist sicher kein Zufall, daß die Wagner-Opern eine Hochkonjnktur erleben und daß sich eine ganze Reihe andere Werke ähnlicher Art dem angeschlossen haben. Daß auch der Mythos, in seiner antiken Gestalt, eine ungeheuere Aufwertung erlebt hat, das belegen Namen wie Hans Blumenberg oder Kurt Hübner. Und ähnlich wie mit dem Mythos verhält es sich zweifellos auch mit der Utopie.

Damit berühre ich jetzt noch einmal das eben preisgekrönte Werk 'Der zerstörte Traum' von Joachim Fest, denn er meint, mit der Wende sei das Ende aller Utopien herangekommen und wir gingen einer bildlos, unutopischen oder antiutopischen Welt entgegen. Mir scheint, das genaue Gegenteil zuzutreffen, wenn man nur die Utopie tief genug ansetzt. Beispielsweise wie Sigmund Freud es getan hat, der schon in seinem Essay über 'Das Unbehagen in der Kultur' von 1930 gezeigt hat, daß die Utopie ja aus dem Bereich ihrer klassischen Provenienz in den der Technik übergegriffen hat, daß die heutige Hochtechnik im Begriff steht, utopische Ziele zu verwirklichen, nicht mehr Notstände des Daseins abzuschaffen, sondern das zu verwirklichen, was niemand braucht, was aber die Menschheit seit Jahrtausenden erträumt: die Sternenreise, das kalte Herz und das himmlische Feuer des Prometheus, um es nur einmal ganz kurz und stichwortartig anzusprechen. Die Utopie ist ganz gewiß im Kommen und sie ist der genaue Gegenzug zu jenem Erschlaffen der Theorie, von dem ich vorhin gesprochen habe.

Wie steht es nun aber mit der Religion und mit der Ethik? Selbstverständlich ist auch die Religion in eine Krise geraten. Wer das nicht sehen will, der ist das Opfer einer Vogelstraußpolitik und ich möchte das mit einem Zitat von Hermann Lübbe belegen; allerdings mit einem sehr zurückhaltenden, eher tröstlichen Zitat aus seinem Werk 'Religion nach der Aufklärung'. Er geht davon aus, daß unter dem Druck des Säkularisierungsprozesses die Religion nach allgemeiner Einschätzung in eine Rückzugsposition gedrängt worden sei. Dem setzt er die These entgegen: »Mit Religionsverfall hat das ersichtlich wenig zu tun. Säkularisierungsprozesse sind daher im Kontext der Evolution moderner Gesellschaft auch kein Malheur, das der religiösen Kultur in dieser Gesellschaft widerführe oder auch abgewendet werden könne. Säkularisierungsprozesse

sind vielmehr mit Vorgängen sozialer und kultureller Differenzierung aus strukturellen Gründen verknüpft. Sie bringen nicht die Religion zum Verschwinden, lassen aber die Menge der Regeln religiöser Kultur schrumpfen, die als generell bekannte und anerkannte Regeln gelten können.« Soweit Lübbe, der also den Theologen mit dieser Feststellung fast ein wenig tröstet.
Aber so ganz wohl wird es ihm bei dieser Tröstung nicht, denn immerhin registriert er, daß die Religion aufgehört hat, ein formendes und gestaltendes Prinzip unserer Verhältnisse zu sein. Der Trost wird noch kleiner, wenn man die Gegenthese von Günther Rohrmoser daneben stellt, der meint – ich zitiere nur einen ganz kurzen Ausschnitt aus einem Zitat –, »daß der Glaube stirbt, sofern dies seine Substanz berührt, und daß er statt dessen nur- mehr als Moral überlebt.« Ich komme darauf gleich noch einmal zurück, denn das scheint mir ein außerordentlich interessantes Wort und eine außerordentlich bemerkenswerte Feststellung zu sein.
Aber ich bin zunächst noch genötigt, einige Bemerkungen zum Säkularisierungsprozeß zu machen, auf den sich Lübbe zentral bezog. Ich möchte hierzu mit meinem unvergessenen atheistischen und jüdischen Lehrer Karl Löwith aus Heidelberg folgende Feststellung treffen: Wenn man den Säkularismus analysiert und ihn auf seine innerste Triebfeder befragt, wird man zweifellos erkennen müssen, daß diese Triebfeder in einer degenerierten christlichen Hoffnung, also einer degenerierten theologischen Tugend besteht. Zum Säkularismus kam es dadurch – so Löwith –, daß die Hoffnung entgegen ihrem christlichen Verständnis von ihrem endzeitlichen Erfüllungsziel abgekoppelt und auf innerweltlich Machbares zurückgenommen worden ist. Jetzt erwartet man nicht mehr das endzeitliche Gottesreich, wie das die Christen durch 2000 oder wenigstens 1500 Jahre hindurch getan haben, sondern man erwartet ein Maximum an Wohlergehen, ein Maxi-

mum an Glück, ein Maximum an Sicherheit in dieser Welt. Also das, was man den irdischen Wohlfahrtstaat als das säkularistische Äquivalent des von Jesus verkündeten Gottesreiches nennen könnte.
Aber Löwith war ausgerechnet derjenige, der im Jahr 1960 schon etwas ausgesprochen hat, was damals noch von keinem Menschen verstanden worden ist, er sprach nämlich erstmals vom Verhängnis des Fortschritts. Ich muß vielleicht noch zur Verdeutlichung sagen, diese pervertierte, diese auf das innerweltlich Machbare zurückgeführte und reduzierte Hoffnung hat mit dem Ziel auch den Namen verloren. Man sagt jetzt nicht mehr Hoffnung, sondern Fortschritt. Fortschritt ist die eigentliche Religion des säkularistischen Zeitalters. Aber nichts macht dem heutigen Menschen soviel Angst wie der wissenschaftlich-technische Fortschritt.

Sie brauchen beispielsweise nur die jeweils allerneuesten Diskussionen um irgendein technisches Großprojekt zu verfolgen, da kommen diese Ängste in einer geradezu überlauten Form zum Austrag. Das scheint nun tatsächlich die These von Lübbe doch wieder zu bestätigen, obwohl ich ihr im ersten Augenblick, im Anschluß an Rohrmoser, nur mit einer Leichten Skepsis begegnet bin. Denn wenn man aus alledem einen Rückschluß zieht, dann kann er wahrscheinlich nur heißen, daß dem Säkularismus durch diese Neubewertung des Fortschritts, durch diese radikale, kritische Hinterfragung des Fortschritts, praktisch das Rückgrat gebrochen ist, vorausgesetzt nach wie vor, daß der Fortschritt als die eigentliche Triebfeder und das eigentliche energetische Element des ganzen Säkularismus zu gelten hat. Wenn das zutrifft, kann, wie mir scheint, mit Fug und Recht nach der Chance der Religion in dieser scheinbar entchristlichten und entreligiösierten Welt gefragt werden. Und die Antwort auf diese Frage muß nun mit einiger Behutsamkeit angestrebt werden. Denn wir sind in der religiösen Szene ja mit der unbestreitbaren Tatsache konfrontiert, daß seit den Jahren des zweiten Vatikanischen Konzils die Möglichkeit des religiösen Überlebens immer zwiespältiger gesehen und eingeschätzt wird. Da sind zum einen jene, die im Sinne dieses Konzils meinen, daß es die Aufgabe der Kirche sei – und das ist selbstverständlich auch meine Meinung –, sich an die Spitze des Zeitgeschehens zu stellen, und dies schon deswegen, weil ihr die Aufgabe zufällt, dieses Zeitgeschehen vor Irrwegen und Irrsteuerungen fernzuhalten; zum anderen möchten nicht wenige in einer geradezu ängstlichen, schockierten Weise auf traditionelle Modelle zurückgreifen. Ich brauche das nicht näher zu verdeutlichen, dieses Phänomen ist allbekannt und in aller Mund; ich möchte es nur ein wenig analysieren.

Wer letzteres bejaht, der scheint mir das innerste Wesen des Glaubens zu verkennen, denn Glaube kann ganz gewiß nicht heißen, die einmal gefundene Interpretation dieses Glaubens, auch wenn sie in manchen Augen noch so vollgültig und unüberholbar zu sein scheint, unverrückt und unkritisch beizubehalten und sie gegen alle anderen Vorstellungen durchzuhalten. Das ganze würde dann erscheinen, wie ein im Zeitgeschehen stehender erratischer Block, an den man sich mit aller Mühe und Anstrengung festzuklammern sucht und dabei vergißt, daß der Strom weitergeht und daß die Masse der Lebenden von diesem Strom mitgetragen werden. Deswegen möchte ich diesen beiden Modellen eine Beobachtung entgegenstellen, die aus der Mitte meiner ganzen theologischen Überlegungen stammt.

Es ist die These von der glaubensgeschichtlichen Wende. Sie geht davon aus, daß der Glaube, weil er der Glaube lebendiger, in der Geschichte existierender

Menschen ist, selbstverständlich die geschichtlichen Bewegungen dieser Menschen mitvollziehen muß, sonst würde er den Kontakt mit den Menschen verlieren. Das heißt aber, um jedem Mißverständnis von vorne herein die Spitze abzubrechen, gewiß nicht, daß der Glaube sich substantiell ändern müsse, vielmehr gilt das Gegenteil von dem, was Rohrmoser behauptet hat. Er meinte ja, der Glaube verliere die Substanz und bleibe nur als Moral. Ich möchte dagegen daran festhalten, daß der Glaube überall dort, wo er lebendig ist, selbstverständlich seine Substanz bewahrt und derselbe bleibt, den Jesus in die Welt gerufen, den Paulus reflektiert, den die großen Missionare in die Welt hineingetragen haben und der inzwischen zum Lebensinhalt von Millionen und Abermillionen geworden ist. Aber dieser Glaube ist einer signifikanten Eigenbewegung unterworfen, eben deswegen weil er der Glaube geschichtlich existierender Menschen ist. Und mit dieser Eigenbewegung gehört es zusammen, daß in seinem Zentrum etwas geschieht, was ich als seine eigentliche Zukunftsfähigkeit erachten möchte. Es würde allerdings jetzt zu weit führen, das im einzelnen zu begründen. Meine Überzeugung läuft darauf hinaus, daß das Christentum seine traditionelle Gestalt einem Transformationsprozeß verdankt, der zurückgeht bis in seine Urzeit hinein, also bis in die Tage des Urchristentums. Er wurde von der Theologie der letzten Jahre meistens so formuliert, daß aus dem verkündigenden Jesus der verkündigte Christus, daß aus dem Botschafter die Botschaft und daß aus dem Lehrer des Evangeliums der Inbegriff der Lehre geworden ist.

Meine These, die ich, wie gesagt, aus Ermangelung konkreter Beweise nur theoretisch formulieren kann, heißt: Wir erleben die Inversion diese Prozesses, nicht wir allein; denn es hat diese Inversion schon immer gegeben, schon in den Tagen der Urkirche. Schon

dem Proömium des ersten Johannesbriefes sind ganz eindeutige Hinweise dieser Art zu entnehmen. Aber wir erleben es vielleicht auf eine ganz besonders signifikante, unser religiöses Leben bis in sein Innerstes hinein bestimmende Art und das heißt: Die Lehre wird wieder zum Lehrer, der zum Objekt des Glaubens gewordene Christus steigt vom Podest seines Herrentums herab und wird unser Helfer und Freund, und die Botschaft beginnt wieder zu reden und verwandelt sich zurück in den Botschafter; sicher nicht mehr in dem Sinne, in dem dieser Jesus von Nazareth einmal zu den Menschen gesprochen hat, aber ihm stehen ja auch noch ganz andere Sprachen zu Gebote. Nachdem ich jetzt diese Hoffnungsperspektive des Religiösen in seinem Innersten gekennzeichnet habe, muß ich am Schluß, in einer Art Selbstwiderspruch, doch auf die Krise des Religiösen in unseren Tagen und insbesondere auf die Kirchenkrise zu sprechen kommen.
Das, was Rohrmoser in seinem fatalen Satz zum Ausdruck brachte: Der Glaube verliert seine Substanz, aber er überlebt als Moral, scheint mir in das innerste Zentrum dieser Krise hineinzuführen.

Wenn ich die heutige Glaubenserwartung des Kirchenvolkes richtig einschätze, und wenn ich mit Karl Rahner davon ausgehe, daß diese Glaubenserwartung auf eine mystische Spiritualität ausgerichtet ist – in meinen Augen das einzig Rettende in der augenblicklichen Gesamtsituation –, und damit die Botschaft der Kirche vergleiche, muß ich von dieser Botschaft feststellen, daß sie auf dem Stadium der Moral besteht und immer wieder auf dieses Stadium zurückkommt, während das Kirchenvolk mit seiner innersten Glaubenserwartung von der Kirche etwas ganz anderes erhofft, nämlich ein Wort der Tröstung in seiner innersten Daseinsnot, ein Wort der Angstüberwindung, ein Wort der Ermutigung und der Hoffnung. Das ist vermutlich das, was uns in unserem religiösen Ist-Stand am meisten bedrängt, um nicht zu sagen lähmt, und daraus erklärt sich für mich die relative Ineffektivität des religiösen und zumal kirchlichen Wortes in unserer Zeit.

Ich möchte dafür ein simples, aber uns allen doch sehr nahegehendes Beispiel anführen. Monate lang haben die deutschen Bischöfe kaum etwas zu sagen gewußt als das, was mit dem umstrittenen § 218 zusammenhing; doch damit haben sie bei der Abstimmung im Bundestag sich eine glatte Niederlage eingehandelt. Mir ist dabei auf neue Weise deutlich geworden, daß der heutige Christ sich ungern in Imperativen ansprechen läßt und daß es wahrscheinlich mit ein Sprachproblem ist, was die Botschaft der Kirche in einer so fatalen Weise zur Ineffektivität verurteilt. Wenn Sie bedenken was ich gerade eben noch zum Ausdruck brachte, daß meiner Überzeugung nach das Kirchenvolk vor allen Dingen Trost, vor allen Dingen Angstüberwindung, vor allen Dingen Spiritualität und Hoffnung erwartet und auch braucht, dann sehen Sie vielleicht an dieser Stelle am deutlichsten, daß dem mit Imperativen moralischer Art nicht ohne weiteres begegnet und schon gar nicht entsprochen werden kann. Das heißt nun allerdings absolut nicht, daß das Ethische in irgend einer Weise überholt sei, ganz und gar nicht, und deswegen werde ich auch dieses Problem noch ein wenig näher behandeln.

Ich möchte diese Krise anders sehen, nämlich als eine Krise, die aus dieser, wie mir scheint, unangemessenen Form der Verkündigung hervorgeht, also eine Sprachkrise ist. Es ist die Tendenz der Kirche, ihre ethische Botschaft katechismenhaft, also in Form einer systematischen Darlegung zu veröffentlichen und an die Leute weiterzugeben und dann gestützt auf diese systematische Aufbereitung die ethischen Appelle in Form

von Imperativen an das Kirchenvolk zu adressieren. Mir scheint, hier bräche eine Art Graben auf, oder anders und besser ausgedrückt, hier türme sich eine Sprachbarriere auf zwischen dem Stil, in dem die absolut richtige und notwendige Botschaft an das Volk weitergegeben wird und seiner Ansprechbarkeit, die offensichtlich nicht mehr auf Imperative einzugehen vermag, wie es auf drastisch und geradezu exemplarische Weise die vorhin erwähnte Bundestagsabstimmung gezeigt hat.
Was ist hier zu tun? Ich glaube, Lübbe hat Recht, die Menge der von der Allgemeinheit rezipierten und akzeptierten religiösen und ethischen Verhaltensregeln ist tatsächlich in Schrumpfen begriffen; und das beschwört die Gefahr einer ethischen Verwahrlosung herauf, die nur mit Beängstigung gesehen werden kann.

Wenn hier Abhilfe geschehen soll, dann richtet sich mein Blick auf die Politiker. Ich habe immer schon versucht, bundesdeutschen Politikern etwas zu sagen, was sie nur sehr ungern gehört haben, nämlich daß neu das heute neu zu Ehren gekommene Subsidiaritätsprinzip von ihnen berücksichtigt und praktiziert werden müsse und zwar gegenüber der Kirche. Ich habe den Eindruck, daß genau die Dinge, die von der Kirche nicht entgegengenommen werden, so richtig sie sind, und die nicht entgegengenommen werden wegen des angesprochenen Sprachproblems, von den Politikern an die Menschen herangetragen werden müßten; wenigstens von jenen Politikern, die sich in ihrer Arbeit ethischen und am Ende gar religiösen Prinzipien verpflichtet fühlen. Sie müßten, wie mir scheint, in die Bresche der Kirche treten; denn die Kirche erreicht die Menschen nicht mehr, wenigstens nicht mehr im traditionellen Maß – und das je länger desto weniger. Denken Sie etwa an die Umschichtung des proportionalen Verhältnisses zwischen den Glaubenden und

Nichtglaubenden durch die deutsche Wiedervereinigung (wir haben immerhin 12 Millionen Neubürger gewonnen, die erklärtermaßen mit Christentum, Religion und Kirche nichts mehr zu tun haben und nichts mehr zu tun haben wollen).
Dadurch haben sich die Dinge ganz signifikant verändert, aber gerade diese 12 Millionen sind in meinen Augen immer noch auf unverzichtbare christliche Prinzipien angewiesen, denn wer von diesen 12 Millionen wollte nicht in einer Welt der Freiheit leben? Um dieser Freiheit willen sind sie doch auf die Barrikaden getreten, um dieser Freiheit willen haben sie ihre Massendemonstrationen veranstaltet, um dieser Freiheit willen haben sie ihr Leben riskiert und dann schließlich auch den Zusammenbruch des Systems herbeigeführt. Und wer von ihnen wollte nicht in einer Welt der Solidarität und Toleranz leben?
Im Gegenteil! Sie empfinden die Wiedervereinigung als eine Art Kälteschock, der daraus resultiert, daß bei uns im Westen viel zu wenig Solidarität und viel zu wenig Toleranz herrsche – und sie haben mit diesem Eindruck ganz gewiß Recht.
Diese von mir gerade eben angesprochenen Dinge haben dasselbe Schicksal erlitten wie die vorhin im Anschluß an Löwith von mir analysierte Hoffnung. Sie verkam zum Fortschritt. Und wenn wir jetzt zurückfragen: Was steckt hinter der Toleranz? Dann wird man sagen müssen, es ist gar nichts anderes als die christliche Liebe. Genauso wie auf die Frage: Was steckt hinter der Liberalität? zu antworten sein wird: Gar nichts anderes als das, was der größte Interpret des Christentums, der Apostel Paulus, als die eigentliche Kernbotschaft Jesu ausgemacht hat. Und das ist ganz schlicht und klar die Freiheit.

Die Stunde der Politik

Wenn ich das zum Schluß zusammenfassen darf, dann würde ich sagen: Die Stunde der Politiker hat auf eine neue Weise geschlagen. Sie sollen nach wie vor die Finanzprobleme, die Strukturprobleme und vieles andere mehr als ihre Aufgabe wahrnehmen, aber es wächst ihnen, wenn sie das gesellschaftliche Zusammenleben im Rahmen halten wollen, eine neue Aufgabe zu, die es früher, bei der alten Arbeitsteilung zwischen Kirche und Politik nicht gegeben hat, nicht geben konnte und nicht einmal geben durfte. Sie sind zu einer neuen, wie ich mich ausgedrückt habe, Subsidiarität gegenüber der Kirche verurteilt. Man könnte nun fragen, ob sie da in irgendeiner Weise auf Hilfe rechnen können. Darauf antworte ich: Jawohl. Sie kommt ihnen von zwei Bevölkerungsgruppen zu, die, wie mir scheint, von der Politik noch nicht entdeckt worden sind.

Über die eine will ich nicht reden, tue jedoch alles in meinen Kräften stehende, um sie aufzumöbeln, das sind die Senioren, für die ich das Münchner Seniorenstudium ins Leben gerufen habe. Aber die zweite Gruppe, die ich erwähnen muß, ist die Jugend. Und zwar genau die Jugend, die heute in so vieler Hinsicht kritisiert und problematisiert wird und die diese Kritik zweifellos auch auf weite Strecken verdient. Jedoch in ethischer Hinsicht, und davon habe ich hier zu reden, ist diese Jugend uns zum Lehrmeister geworden. Daß heute der Randsiedler der Gesellschaft, in erster Linie der behinderte Mensch, aber dann auch der Asylant, in wachsendem Maße einen neuen Stellenwert bekommen haben, das verdanken wir der ethischen Intuition unserer jungen Menschen. Sie haben die Neueinschätzung der Behinderten ins allgemeine Bewußtsein getragen, daran kann gar kein Zweifel sein. Ähnliches gilt auch für das Verhältnis zu den Notleidenden in der Dritten Welt. Ich habe beim einem Katholikentag einen großen Vortrag über die Hoffnung gehalten und glaubte schon, meine Sache gut gemacht zu haben, da stand am Schluß eine Studentin auf und sagte: Wie kann ich hoffen, wenn ich gleichzeitig weiß, daß Millionen von Menschen in Brasilien zu einem Leben der absoluten Hoffnungslosigkeit verurteilt sind? Damals ist mir klar geworden, wer uns das richtige Verhältnis zu den Notleidenden in der dritten Welt beschert hat. Es waren nicht die Protagonisten der Entwicklungshilfe, die ich allerdings als eine der erfreulichsten und ethisch positivsten Erscheinungen im heutigen Gesamtpanorama erachte; es waren wiederum die jungen Menschen.

Und ganz gewiß geht das neue Verantwortungbewußtsein gegenüber der Natur von diesen jungen Menschen aus. Ich habe eine Sekretärin gehabt, die ganz bewußt auf Autofahren verzichtet hat, um keinen Beitrag zum Dioxinausstoß zu leisten; ich habe dort gelernt, daß diese jungen Menschen das Verhältnis zur Natur als ein ethisches entdeckt und uns dadurch aus jener Engführung des nur nutzenden und nur auf Nutzwerte ausgehenden traditionellen Verhältnisses herausgeführt haben. Ich möchte also die Jugend als die Helfer in dieser Angelegenheit angesprochen haben. Ich weiß nicht, ob ich damit etwas ganz utopisches auf den Tisch gebracht habe, aber jeder Politiker, der seiner ethischen Verantwortung bewußt wird, wird sich ganz spontan nach Helfern und nach inspirierenden Elementen in unserer Gesellschaft umsehen. Und ich glaube, wenn er sich dabei von der Jugend belehren läßt und das Verhältnis Lehrer-Schülerschaft einmal umkehrt, hat er gewiß nicht den schlechtesten Schritt getan.

Hermann Lübbe

Technik und Ethik. Über die moralische Verfassung der Industriegesellschaft

Die Zukunft der technischen Zivilisation und damit die Zukunft der Industriegesellschaft hängt nicht nur von ökonomischen Faktoren ab. In letzter Instanz hat diese Zukunft den Charakter einer moralischen Herausforderung.

Entsprechend ernst muß man es nehmen, daß unsere Zivilisationsgenossenschaft dabei zu sein scheint, sich von ihren technisch-industriellen Lebensgrundlagen emotional zu distanzieren. Der so gekennzeichnete Vorgang wirkt sich inzwischen höchst real aus. Man muß nicht Experte sein, um solche Auswirkungen erkennen zu können. Festungsarchitektur rechneten wir doch bislang vorindustriellen Epochen unserer Geschichte zu. Ihre Meisterleistungen, die, soweit noch vorhanden, längst musealisiert sind, entstammen bekanntlich dem Barock-Zeitalter. Inzwischen ist Festungsarchitektur als Teil moderner Industriearchitektur neu erstanden. Aufmerksamer Passantenblick genügt, um auf die typischen Attribute industriebaulicher Abwehrtechnik aufmerksam zu werden. Werke der Kernenergieproduktion zumal werden heute stets festungsanalog errichtet – von unüberwindlichen, stacheldrahtgekrönten Mauern umgeben, deren Tore stahlbewehrt und damit geeignet sind, Durchbruchsversuche schwerer Fahrzeuge aufzuhalten. Laufgänge für Patrouillen oder Hundestaffeln durchziehen das Gelände. Automatisch arbeitende Kameras tasten jeden relevanten Geländepunkt ab und tote optische Winkel werden planerisch konsequent vermieden. Lichtflutanlagen sind installiert und geeignet, die Szenerie nachts in Tageshelle zu tauchen. Man darf sicher sein, daß für den Alarmfall Polizeieinsatzpläne vorbereitet und eingeübt sind, und die kleine präsente Sicherungsmannschaft besteht keineswegs, wie die uns wohlvertrauten Besatzungen von Pförtnerstuben früherer Zeiten, vorzugsweise aus Schwerbeschädigten oder älteren Herren im Rentneralter. – Kurz: Die Stätten industrieller Produktion haben sich in etlichen und überdies infrakstrukturell wichtigen Fällen in Festungen transformiert. Die Zahl der Feinde, gegen die sich das richtet, mag ja sehr klein sein. Jedenfalls reicht sie aus, die skizzierten Abwehreinrichtungen zu erzwingen. Selbst aus der Perspektive des schlichten Ferienreisenden, der im IC-Zug an einer der neuen Industriefestungsanlagen vorbeifährt, hat sich damit die Lage, in der wir uns alle befinden, sichtbar geändert.

Was wird hier mit solchem enormen Aufwand abgewehrt? Die zuerst immerhin in den USA verwendete Kennzeichnung »Technikfeindschaft« wird plötzlich sprechend. Die Zahl der Bürger nimmt zu, die von Auswirkungen dieses Affekts sich direkt bedroht finden. Bei jedem Besuch hochrangiger Vorstandsmitglieder bedeutender Unternehmen unserer Industrie trifft man heute in einem der Vorzimmer jene trainierten jungen Männer an, die rund um die Uhr Funktionen als Body-Guards wahrzunehmen haben.

Mit solchen Schilderungen ließe sich lange fortfahren.

Als Begriff, unter den man das bringen kann, bietet sich der Begriff der inneren Grenzen an. Während die äußeren, nämlich staatlichen Grenzen in Europa immer durchlässiger werden, nimmt im Industriekomplex die Zahl der Bereiche zu, die durch unüberwindbare Sicherungsanlagen gegenüber ihrer Umwelt ausgegrenzt sind.
Gewiß: Das sind extreme Auswirkungen aktueller technik- und industriekritischer Befindlichkeiten. Aber auch in moderaten Verhaltensweisen und Aktivitäten spiegeln sich diese Befindlichkeiten – von den Demonstrationen unserer Bürgerinitiativen, die sich gegen neue Verkehrsbauten richten, bis hin zu den wachsenden Schwierigkeiten, die unsere Gemeinderäte haben, konsensfähige Standorte für Industrieanlagen oder Entsorgungsbetriebe zu finden.

Was sind die Gründe für die Veränderungen in der Einstellung zu unseren technisch-industriellen Lebensvoraussetzungen, die in den skizzierten Beständen und Vorgängen sichtbar werden? Sie sind Legion, und jedes aufgeweckte Fernsehkind würde spontan auf mißliche, ja katastrophale ökologische Folgen der Industrialisierung verweisen. Andere Gründe wirken subtiler, aber nichtsdestoweniger bis in den politischen Lebenszusammenhang hinein mentalitätsverändernd. Das gilt exemplarisch für die in hochentwickelten Zivilisationen unvermeidlichen Erfahrungsverluste, und das sei in aller Kürze erläutert.

Bei unseren Wirtschafts- und Sozialhistorikern lernen wir, daß vor dem eigentlichen Beginn industriegesellschaftlicher Evolutionen in jener neuen Ära der Technik, für die in metonymischer Verkürzung die Dampfmaschine stehen mag, vor gut zweihundert Jahren also, auch bei uns zwischen siebzig und achtzig Prozent aller Menschen in der Urproduktion, zumeist in der

Landwirtschaft oder auch in weniger bedeutsamen Urproduktionszweigen, in der Fischerei zum Beispiel, tätig waren. Zu spätrousseauistischer Romantisierung des einfachen Lebens in den vorwiegend agrarisch geprägten Zivilisationsepochen besteht wenig Anlaß. Allein schon der Blick auf die damalige durchschnittliche Lebenserwartung, die weniger als die Hälfte der heutigen betrug, dürfte einen in solchen Lobpreisungen zurückhaltend machen. Zur Vorzugsseite des Lebens damals gehörte es freilich, daß die überwiegende Mehrzahl der Menschen eine höchst anschauungsgestättigte, lebenserfahrungsbewährte Beziehung zu den realen Bedingungen ihrer physischen und sozialen Existenz unterhielten. Mit leichter Emphase kann man das auch so ausdrücken: Sie kannten das Leben. Wirtschaftlich entsprach dem eine hochgradige Autarkie selbst in Lebensbedingungen, in bezug auf die heute im Regelfall an Autarkie schlechterdings nicht mehr zu denken wäre. Selbst die Wasser- und Energieversorgung ließ sich damals in den kleinen, zumeist an Familien gebundenen wirtschaftlichen Einheiten intern sicherstellen. In Lebensverbringung gespiegelt bedeutet das: Marktgänge, wo man sich der Hervorbringungen der Arbeit anderer zu bedienen hat, waren höchst selten; zwei oder drei solcher Marktgänge im Jahr, zumeist bei den Kirchtagen, genügten.

Vor dem Hintergrund dieser Kontrastskizze wird evident: Noch nie hat eine Zivilisationsgenossenschaft lebenserfahrungsmäßig ihre Lebensbedingungen weniger verstanden als unsere eigene. Gewiß sind wir heute wie nie zuvor Eigner mannigfach differenzierter Fachkompetenzen, aber eben doch auf einem anderen Gebiet als unser Nachbar oder Kollege. Auch ist das kulturell verfügbare Wissen wie nie zuvor umfangreich, und es wächst immer noch, und zwar exponentiell. Um so größer wird die Disproportionalität unserer subjektiven Rezeptionskapazitäten einerseits und der verfügbaren Information über die Welt, in der wir leben, andererseits, und aus dieser Disproportionalität resultiert wachsende Angewiesenheit auf Vertrauen. Wie in keiner Zivilisationsepoche zuvor sind wir in unserer heutigen auf Vertrauen angewiesen, und zwar in der wohlbestimmten Bedeutung des Vertrauens in die Verläßlichkeit der Leistungen des uns jeweils benachbarten Fachmanns. Daß die historisch beispiellosen Leistungen unserer Medizin gar nicht an den Mann zu bringen wären, wenn sie nicht, überwiegend, vertrauensvoll angenommen würden, ist aus seiner individuellen modernen Lebensverbringung jedermann evident. Aber auch die schon eher spezialistische Benutzung, zum Beispiel, des Taschencomputers durch den Statiker setzt Vertrauen voraus. Von den Ergebnissen der Betätigung des fraglichen Geräts hängt, in der Länge der Zeit, die Sicherheit von Millionen von Verkehrsteilnehmern oder Bürohausbenützern ab. Nichtsdestoweniger verläßt sich der fragliche Ingenieur, sozusagen blind, auf die Ergebnisse der Betätigung dieses Geräts, obwohl er doch nur in Ausnahmefällen über die Kenntnisse der Mathematik oder gar der Physik der Vorgänge verfügt, die sich hinter der Deckplatte seines Taschenrechners abspielen. In einer Runde von primär geisteswissenschaftlich Geprägten darf man sogar unterstellen, daß auch die schlichteren Vorgänge, die sich unter der Motorhaube unseres Pkw verbergen, überwiegend *black-box*-Charakter haben.

In der Zusammenfassung bedeutet das: Mit der Verwissenschaftlichung und Technisierung unserer zivilisatorischen Lebensvoraussetzungen gewinnen diese in wachsendem Masse *black-box*-Eigenschaften, und mit Vertrauen quittieren und kompensieren wir das. Indessen nimmt die Zahl der Fälle zu, in denen der gerade in modernen Gesellschaften so sehr benötigte Vertrauenskitt bröckelig wird. Das geschieht nicht zuletzt bei jenen Anhörungen, die unsere Politiker technologiepolitischen Großentscheidungen aus gutem Grund voranzuschicken pflegen. Fachleute des ersten nationalen und internationalen Geltungsranges werden gebeten, und wenn es dann vorkommt, daß sie, anstatt mit Expertenmeinung von vertrauensbegründender Einheilligkeit aufzuwarten, sich mit Anzeichen wachsender moralischer Erbitterung widersprechen, so verbleibt dem Laienpublikum, also uns allen, nichts als Urteilsenthaltung.

In der Bundesrepublik Deutschland haben wir aus den Erfahrungen der Diktatur der Nationalsozialistischen Deutschen Arbeiterpartei die plausible, wenn auch wohl nicht zwingende Konsequenz gezogen, den Bürger fast ausschließlich Gelegenheit zur Wahl seiner politischen Repräsentanten zu geben, hingegen kaum Gelegenheit, über Sachprobleme abzustimmen. Andere, zumal auch ältere Demokratien kennen das verfassungsrechtliche Institut der Abstimmung durchaus, machen reichlich Gebrauch von ihm und das sogar in sehr komplexen wirtschaftlichen und technologischen Sachfragen. Dabei ist, in unserem Schweizer Nachbarland, von den Politologen eine über längere Zeiträume hinweg auffällig anwachsende Neigung der Bürger, »nein« zu sagen, registriert worden. Wie läßt sich das erklären? Die Erklärung scheint mir zu lauten: Es handelt sich bei diesem Nein nicht um das Nein der begründeten Ablehnung – solche Gründe hätte man ja erfahrungsverlustbedingt gar nicht zur Verfügung. Es handelt sich vielmehr um das Nein der Urteilsenthaltung unter dem Druck der Erfahrung überforderter Urteilskraft zumal in solchen Fällen, in denen auch die Fachleute ihrerseits sich uneins zeigen. Terminologisch könnte man dieses Nein als das Moratoriums-Nein auszeichnen. Als symptomatisch für diesen Bestand ließe sich der Abstimmungsslogan einer politischen Gruppierung in den USA zitieren: »Confused? Many are! When in doubt, play safe! Vote No!«. Dieses Nein sicherheitshalber, bei überforderter Urteilskraft mit schwindendem Vertrauen in Expertenwissen gesprochen, läßt uns den Kern der sogenannten Akzeptanzkrise erkennen. Es handelt sich hier um einen Vorgang, der sich weder durch Gut-Zureden noch durch informationelle Aufklärung umdrehen ließe. Auch wird er nicht durch dramatisierende Medienberichterstattungen erzeugt, vielmehr allenfalls verstärkt. In der Zusammenfassung bedeutet das: Moderne Industriegesellschaften sind, erwiesenermaßen, in der Lage, hohe Grade zivilisatorischer Lebenskomplexität und auch Änderungsdynamik institutionell und psychisch zu verarbeiten, aber nich beliebige Grade solcher Komplexität und Dynamik, und in Teilbereichen unseres gesellschaftlichen Lebens scheinen wir in die Grenzbereiche einschlägiger Verarbeitungskapazitäten eingerückt zu sein.

Mit der Aufzählung weiterer, irreversibel wirkender Ursachen beobachtbaren Einstellungswandels ließe sich lange fortfahren – von den Auswirkungen objektiv abnehmender Zukunftsvoraussicht bis zu den Verunsicherungswirkungen, die es hat, wenn die Extension des Raums unserer Informiertheiten über das, was uns betrifft, rascher wächst als unsere komplementäre politische, auch technische Handlungsmacht. Es ergäbe das ein Bild der modernen Industriegesellschaft, das uns um so dringlicher nach einer Antwort auf die Frage verlangen ließe, wieso sich die moderne Industriegesellschaft, unbeschadet der beobachtbaren wachsenden emotionalen Distanz ihr gegenüber, immer noch überwiegender Massenzustimmung erfreut. Die Beantwortung dieser Frage hat leider das Mißliche, trivial zu sein. Intellektuelle Funken lassen sich daraus gar nicht schlagen; feuilletonfähig ist hier nichts. Aber wie so oft, so hat auch in diesem Fall das Triviale, das heißt das kognitiv Uninteressante, lebenspraktisch fundamentale Bedeutung. Kurz: Die unverändert überwiegende Massenzustimmung, von der die moderne Industriegesellschaft getragen ist, beruht auf der Evidenz der Lebensvorzüge dieser Gesellschaft. Befreiung des Menschen vom physischen Zwang niederdrückender Arbeit, Steigerung der Produktivität der Arbeit, dadurch Mehrung der Wohlfahrt, durch Mehrung der Wohlfahrt Mehrung der sozialen Friedens – das alles hat Selbstverständlichkeitscharakter gewonnen, wird freilich gerade deswegen, am ehesten von Daueraufenthaltern in lebenserfahrungsverdünnten schulischen und akademischen Räumen, gern übersehen, und zwar insbesondere dann, wenn man im übrigen noch die Vorzüge des öffentlichen Dienstes für sich in Anspruch nehmen kann, also um die Sicherheit seines Arbeitsplatzes sich keine sonderlichen Sorgen zu machen braucht. Entsprechend wird man auf Bekundungen expliziter Schätzung der aufgezählten Dinge am ehesten noch in einem Kulturmilieu stoßen, das durch Traditionen der Arbeiter- und Gewerkschaftsbewegung geprägt ist.

Subtiler als die genannten Gründe der unverändert überwiegenden Massenzustimmung, von der die moderne Industriegesellschaft getragen bleibt, ist in analoger Richtung der vielberedete Wertewandel wirksam. Zu den wichtigsten Inhalten dieses Wertewandels gehört alles, was sich als Formen kultureller Nutzung der historisch beispiellosen Freiheiten interpretieren läßt, die uns über die moderne Industriegesellschaft zugewachsen sind. »Freiheit« – dieses Wort ist dabei ganz unemphatisch gebraucht, nämlich als jene Dispositionsfreiheit, die sich krude in Zeit und Geld ausdrücken läßt. Aus der Sozialstatistik ist ja bekannt: Nie haben sich die Lebenszeiträume weiter gedehnt, in denen wir heute unser Leben frei von zwingenden Notwendigkeiten der Lebensfristung verbringen können. Nie war der Lebenszeitanteil größer als heute, in welchem wir selbst von den Anforderungen unseres Berufes entlastet existieren. Die kulturelle Thematisierung der Selbstbestimmung, ja der »Selbstverwirklichung«, ist auf diese zivilisationsgeschichtlich ganz neue Lage die naheliegende, ja zwingende Antwort. Aus Freiheit Sinn zu generieren – das ist die Herausforderung, unter die wir industriegesellschaftsabhängig geraten sind. »Selbstverwirklichung« als strahlender Stern am neuen Wertehimmel ist daher auch kein Indiz für kulturelle und moralische Dekadenzen, das uns kulturkonservativ besorgt zu machen hätte. Es ist vielmehr das Indiz einer überwiegend sehr geschätzten Freiheit zu selbstbestimmter Lebensführung, in die wir, durch Wohlfahrt von zahllosen Alltagsnöten entlastet, industriegesellschaftsabhängig geraten sind.

Sogar die Chancen der Durchsetzung und Festigung der Freiheit im politischen und bürgerrechtlichen Sinn sind durch die technische Evolution eher begünstigt als gemindert worden. Orwell hat Unrecht behalten. Wieso ist da so? Wieso wirkt hochentwickelte Technik sogar noch auf die Totalität totalitärer Systeme zersetzend? Drei Argumente können das plausibel machen.

Erstens lassen sich durch Mauern, Stacheldrahtverhaue und sonstige mechanische Vorrichtungen totalitäre Systeme gegen unerwünschten Personenübertritt ungleich besser abdichten als gegen die frei in der Atmosphäre verkehrenden elektronischen Wellen. Die technisch bewirkte mediale Integration des Globus in ein informationelles Weltsystem schreitet ja unaufhaltsam fort. Genau gegen diesen Fortschritt richteten sich auch vor kurzem noch allerlei Vorschläge zur sogenannten Reform der Weltinformationsordnung, an der, wie man sieht, natürlich in erster Linie die diktatorisch-einheitsparteilich verfaßten Gesellschaftssysteme interessiert waren. Kurz: Der technische Fortschritt erleichtert nicht, sondern erschwert die Behauptung totalitärer Informationsmonopole. Es ist nicht zu viel gesagt, wenn man im Nachhinein konstatiert, daß sowohl in der DDR wie in der CSSR, auch in Ungarn der progressiv verlaufende Glaubwürdigkeitsverlust der in den genannten Ländern noch bis vor kurzem herrschenden Einheitsparteien nicht zuletzt durch Erfahrungen des Kontrasts zwischen einheimischer Propaganda und westlicher Medienberichterstattung bewirkt worden ist. Für die Prozesse manifesten Verfalls der Einheitsparteidiktaturen gilt Analoges. Die Dominoeffekte, die diesen Verfall beschleunigt haben, sind nicht zuletzt medienbewirkte Effekte gewesen.

Zweitens erfordern die technisch perfektionierten Instrumentarien totalitärer Macht auf modernem technischen Niveau in rasch wachsender Zahl Inseln freier Wissenserzeugung und relativ freien Wissenstransfers. In modernen Industriegesellschaften nimmt daher auch unter totalitären Bedingungen die Menge der Individuen, vor allem der Wissenschaftler, Ingenieure und Manager, ständig zu, denen man einen relativ freien Zugang zu den Quellen des Wissens verstatten muß, die also die Privilegien längerer Auslandsaufenthalte in Anspruch nehmen können, Erfahrungen mit den Lebensverhältnissen in anderen Systemen zu machen Gelegenheit haben und somit, nach Hause zurückgekehrt, Kenntnisse repräsentieren, die die herrschende Ideologie desavouieren. Der technische und wissenschaftliche Fortschritt als solcher mindert also und erhöht nicht die Chancen kompletter Bewußtseinskontrolle, wie Orwell sie uns utopisch vorgeführt hatte.

Drittens ist der technische Fortschritt als solcher ein

Medium der Beschleunigung der Diffusion von Information und damit des Abbaus der Chancen zu jener perfekten Vergangenheitskontrolle, die das eindrucksvollste Detail der Orwellschen Schreckensutopie darstellt. Man kann zu Zwecken der ideologischen Indoktrination die Zahl der Schulungsbroschüren von Hunderttausend auf Zehn Millionen steigern, die in einem dort abgedruckten Bild Lenin mit dem wegretouchierten Trotzki, also ohne Trotzki, zeigen. So geschah es zu Stalins Zeiten. Aber je mehr man die Verbreitung ideologisch erwünschter Information steigert, um so schwieriger wird es, und zwar aus prinzipiellen Gründen, die entsprechend gesteigerte Propaganda von gestern im Bedarfsfall vollständig zurückzunehmen.

Exemplarisch heißt das: Trotz aller Vergangenheitskontrolle taucht dann unerwarteterweise doch einmal in irgendeiner sibirischen Hütte jenes Originalbild auf, das uns Lenin in Gemeinschaft mit Trotzki zeigt, und Risse in der Glaubwürdigkeit herrschender Vergangenheitsbilder tun sich auf, die nie mehr zu kitten sind. Im faschistischen Italien ist übrigens eine ähnliche Geschichte passiert. Die Älteren mögen sich noch an jenes pompöse Bild erinnern, das uns auf einem Roß mit hocherhobenem Schwert Mussolini als »Schutzherrn des Islam« zeigte. Im Original zeigte aber das Photo überdies einen Stallburschen, der für alle Fälle das Roß am Zügel hielt – eine Szene von nicht gerade heroischer Anmutungsqualität. Entsprechend wurde der Stallbursche wegretouschiert und das so imperial gemachte Photo millionenfach propagandistisch verbreitet. Aber die Beseitigung des ungleich weniger imperialen Originals gelang nicht vollständig. Unter der Hand blieb das Bild des stallburschenbetreuten Duce verbreitet, und die Römer hatten zu lachen. In der Konsequenz heißt das: Mit der Transformation der Gesellschaft in eine sogenannte Informationsgesellschaft – und das ist in letzter Instanz ein technisch bedingter Vorgang – werden auch in totalitären Systemen Vergangenheitskontrollen als wesentliche Voraussetzung für die Erfüllbarkeit der Prätention historisch unverbrüchlicher Konstanz ideologischer Wahrheit immer geringer.

In der Zusammenfassung bedeutet das: Es mag gute Gründe geben, den Totalitarismus unverändert zu den keineswegs erledigten Gefahren politischer Entwicklungen zu zählen, auf die wir, um sie abzuwehren, gegenwärtig eingestellt bleiben müssen. Aber es ist nicht wahr, daß die technische Evolution als solche die Wahrscheinlichkeit dieser Schrecken erhöhte. Insoweit ist das Gegenteil richtig.

Die Dynamik des technischen Fortschritts verdankt sich also der Evidenz der mit diesem Fortschritt verbundenen sozialen, politischen und kulturellen Lebensvorzüge. Der Sinn dieses Fortschritts ist nicht im Nebel verschwunden. Seine Ziele und Zwecke haben unverändert ihren jedermann erkennbaren Ort auf der Gemeinplatzebene. Sie sind zustimmungsfähig, ja zustimmungspflichtig geblieben.
Das ist es, was man sich zunächst vergegenwärtigen muß, um den begrifflichen Ort der unleugbar wachsenden Schwierigkeiten, in die wir inzwischen zivilisationsabhängig geraten sind, bestimmen zu können. Diese Schwierigkeiten haben also den Fortschritt nicht als Illusion erwiesen. Sie haben aber – von den ökologischen Krisen bis hin zu den skizzierten Erfahrungsverlusten – den Charakter von Fortschrittskosten. Wahr ist überdies, daß in Teilbereichen unseres industriegesellschaftlichen Gegenwartslebens diese Kosten sogar rascher als die Lebensvorzüge weiteren Fortschritts wachsen. Aber auch das macht den Fortschritt nicht zur Illusion. Es bedeutet vielmehr, daß, ökonomisch ausgedrückt, inzwischen auch der Fortschritt durch ein

Gesetz des abnehmenden Grenznutzens bestimmt zu sein scheint.

Es ist keineswegs folgenlose moraltheoretische Scholastik, ob wir die unleugbaren Schwierigkeiten, in die wir geraten sind, als Beweis des illusionären Charakters des zivilisatorischen Fortschritts beschreiben, oder als Kosten, die in Teilbereichen des Fortschritts inzwischen rascher als dessen Vorzüge wachsen. Die erste Beschreibung, so erkennt man jetzt, dämonisiert unsere Gesellschaft moralistisch und ermuntert – mit schlimmen kulturellen und sozialen Folgen – zu ihrer moralischen Selbstaufgabe. Die zweite Beschreibung pragmatisiert unser Verhältnis zum wissenschaftlichen und technischen Fortschritt und erzwingt die Einrichtung in durchaus schmerzhaft spürbar gewordene Grenzen dieses Fortschritts. Die erste Beschreibung ruft die Gurus auf den Plan. Die zweite ermuntert uns, gemäß den Zielvorgaben des moralischen *common sense* den wissenschaftlichen und technischen Sachverstand zu nutzen, auf den wir angewiesen sind, um uns in erkennbar gewordene Grenzen zivilisatorischer Evolution einrichten zu können.

Die Krise unserer Zivilisation, so habe ich das in anderen Zusammenhängen beschrieben, ist insoweit nicht eine Zielkrise, vielmehr eine Steuerungskrise, und zur metaphorischen Veranschaulichung dieses Unterschieds ist die Autoreisemetapher geeignet. Der Fehler dessen, der sehr schnell fuhr und gerade deswegen nicht ans Ziel kam, war ja nicht, kein vernünftiges Reiseziel zu haben. Sein Fehler war vielmehr, sein Fahrverhalten den gegebenen Steuerungskapazitäten nicht rechtzeitig genug angepaßt zu haben. Fahrmoral ist insofern durchaus mit im Spiel. Aber moralisierende Planer alternativer Lebensziele werden nicht benötigt, wohl hingegen, nachdem man nun einmal ins Schleudern geraten ist, Steuerungsexperten.

Klaus Woltron

Moralität, Naturalität, Solidarität – die neue unternehmerische Herausforderung

Umdenken

Wir haben alle miteinander, in verschiedenen Ausprägungen und je nach unserem Platz in der Gesellschaft, mehr oder weniger ein gemeinsames Grundgefühl, das meines Erachtens darin besteht, zu wissen, daß es so, wie wir bisher gearbeitet haben, wie wir bisher mit dem uns anvertrauten Potential Natur und Mensch umgegangen sind, ganz einfach nicht mehr weitergeht. Es haben sich die verschiedenen Gesellschaftsschichten lang gegen diese, etwa zu Anfang der 70er Jahre heraufdämmernden Erkenntnisse gewehrt. Und ich muß zur Schande meines Berufsstandes, der Wirtschaft und des Managements sagen: wir haben uns ebenfalls

---

* Nachdem ich in meinen vorsichtigen Vorgesprächen herausbekommen hatte, daß die Anwesenden aus völlig verschiedenen Motiven nach Marienberg gekommen sind, aber doch eines gemeinsam teilen, Denkanstöße vermittelt zu bekommen, über Grundsatzfragen nachzudenken, vielleicht etwas Atem zu schöpfen und mit gleichgesonnenen Interessierten über einige grundlegende Fragen zu sprechen, habe ich meine Überlegungen neu geordnet; daher das *ex tempore*.

relativ lange wider die Einsicht gesträubt, weil man uns ja auch zu Unrecht – auf das komme ich dann noch später – einen Teil der Bedrängnis, die auf der Welt entstanden ist, vorwirft, nämlich die Ausplünderung der Natur einerseits, und die Hinterlassung von Schadstoffen, von Verunreinigungen, von Verschmutzung der Biosphäre andererseits. Dafür hat man ausschließlich die Industrie, die produzierende Wirtschaft verantwortlich gemacht. In Wirklichkeit sind wir natürlich auch nur ein Bestandteil eines großen zusammenhängenden Ganzen und fühlen uns – wenn man etwas näher und präzise in die Dinge hineindenkt – etwas zu Unrecht angegriffen. Aber wir waren sicher die letzten oder gehören zu den letzten, die auch zugegeben haben, daß es nicht mehr so weitergehen kann. Auf der anderen Seite muß ich zu unserer Ehrenrettung sagen, daß wir auf Grund unserer hohen Detailkenntnisse, nämlich wie es zu all diesen Dingen gekommen ist: Ressourcenverknappung, Umweltbeeinträchtigung, Beeinträchtigung der Psyche unserer Mitarbeiter durch schlechte, nicht menschengerechte Organisation, Schubladisierung der Menschen durch das Expertentum usw. aufgerufen sind, die Gegenmaßnahmen oder Wege aus den Teufelskreisen heraus zumindest wieder anzuregen. Und einen großen Teil des Weges zu entwerfen, ich würde nicht sagen zurück, aber wo anders hin, das sind wir sicherlich gefordert aufgrund des Wissensstandes, den wir gewonnen haben. Es muß also dringend etwas geschehen und das bei steigendem Problemdruck!

Die neuen Teufelskreise

Wir haben jetzt ein derartig großes Problembewußsein in den verschiedensten Schichten der Gesellschaft, daß man festzuhalten hat: die in dieses Pulverfaß der Erwartungshaltung hineingeworfenen Ideen werden relativ schnell aufgefangen, unabhängig davon, ob sie falsch sind oder richtig. Das Bedürfnis nach einer Vision, nach einer Lösungsmöglichkeit, nach Auswegen aus einer scheinbar unentrinnbaren und vieldimensionalen, schwierigen Situation ist also so groß geworden, daß es sich wirklich lohnt, sowohl für den Politiker, als auch für den Wirtschaftsmenschen, wie den allgemein Interessierten, an einer der bedeutendsten Denkarbeiten mitzuarbeiten, die es auf dieser Welt überhaupt jemals gegeben hat.

Ich möchte nun einmal ganz kurz auflisten wie ich die Prioritäten der Schwierigkeiten sehe, mit denen wir es zu tun haben oder auch der Herausforderungen, denen wir uns stellen müssen und die wir zu vier großen Problemkreisen zusammenfassen können.

- Der erste ist sicher die Zunahme der Zahl an Menschen. Das ist, glaube ich, der größte Druck.
- Das zweite ist die Zunahme von Aggression, Entfremdung und die Abnahme der Fähigkeit, gemeinsam, brüderlich, harmonisch zu arbeiten und zu leben. Leider genau das Gegenteil dessen, was wir brauchen, da die Probleme in ihrer Komplexheit zunehmen, während unsere kollektive Problemlösungsfähigkeit, zumindest in den letzten Jahrzehnten abnimmt. Es ist genau ein gegenläufiger und verderblicher Trend zu verzeichnen.
- Der dritte Punkt wird füglich der Wirtschaft zugeschrieben – wir sind es aber trotzdem alle miteinander, die einerseits die Ausbeutung und Ausplünderung der Biosphäre, Rohstoffe, Energie, und andererseits die Zurückgabe dieser Stoffe in einer naturfeindlichen Form bewirken. Der ganze Komplex der Umweltverschmutzung, der Beeinträchtigung der Atmosphäre, Anreicherung an Treibhausgasen usw. wird immerhin von allen betrieben bzw. unterhalten.

- Und viertens ein Punkt, der vielleicht allgemein zu wenig betont wird. Aufgrund der Erfahrungen, die ich in vielen Gesprächen gewonnen habe – man kommt im Führungsmanagement ja mit sehr vielen Leuten zusammen, man treibt sich, salopp formuliert, auf der ganzen Welt herum –, muß ich festhalten, daß diffus ein Gefühl umgeht, daß die Summe an Glück, Zufriedenheit und Harmonie individuell und kollektiv schrumpft. Das heißt – und es ist mir durchaus bewußt, daß dies eine etwas verwegene Feststellung ist, zumal sich das Ganze ja auch nicht quantifizieren läßt –, ich glaube feststellen zu dürfen, daß vor den beiden großen Kriegen und auch noch zu der Zeit, wo ich ein Kind war, die Gesamtsumme an menschlichem Glück wahrscheinlich etwas größer war als sie heute ist. Zum anderen ist diese Gesamtsumme ab einer gewissen Stufe der Erfüllung der elementaren Bedürfnisse sicher unabhängig vom materiellen Saturiertheitsgrad. Sie müssen natürlich erfüllt sein, aber wenn man zu essen hat, wenn man es warm hat, wenn man eingebettet ist in eine harmonische Umwelt, dann ist zusätzlicher materieller Gewinn nicht dem Glück zuträglich. Es nimmt also die Summe des individuellen und kollektiven Zufriedenheitsgefühls ab, und das ist ja wahrscheinlich überhaupt das Traurigste, denn es war einer der Hauptgründe dafür, warum das Leben lebenswert ist.

Die moralische Stabilität

Nun komme ich damit auf einen Punkt, der immer mehr diskutiert wird und daher einen Mangel anzeigt: es ist die Frage nach unserer ethischen Stabilität, unseren moralischen Grundwerten, von denen man das Gefühl hat, daß sie in verschiedensten Gesellschaftsschichten angeknackst und nicht mehr ganz intakt sind. In der Wirtschaft, oder besser in manchen Kreisen der Wirtschaft, wird man beispielshalber schon heimlich ein bißchen belächelt, wenn man ein anständiger Mensch ist, das kann ich ihnen aus persönlicher Erfahrung sagen. Nicht überall selbstverständlich, aber es gibt schon fast so etwas wie einen Kodex, daß man sagt: Im Geschäft ist ein bißchen mehr an Tricks und Abweichung von der Basisanständigkeit, von den alten Tugenden erlaubt als im Privatleben. Ich halte das für eine ganz gefährliche Entwicklung, denn in Wirklichkeit sind wir ja alle 12 Stunden am Tag in unserem Beruf. Wann sollen wir dann eigentlich anständig sein? In der Nacht? Das ist vielleicht auch kein Schaden, bringt aber der Gesellschaft bei weitem nicht so viel, als wenn man es bei Tag ist.

Ich möchte in diesem Zusammenhang als nächstes zur Bewältigungsproblematik der ökologischen Frage eine eher naturgeschichtliche Definition des ethischen Systems anbieten, die überhaupt nicht im Gegensatz steht zur kirchlichen Ethologie, dies zumindest hoffe ich als Nicht-Experte. Ich bin zutiefst davon überzeugt, daß ethische Systeme, also die Summe der Regeln des menschlichen Zusammenlebens in einer homogenen Gemeinschaft, durch einen Prozeß des Aneinander-Abschleifens von Verhaltensweisen entstanden sind. Und zwar einerseits über Millionen Jahre hinweg, einprogrammiert in jede unserer Zellen, und dann noch in der Geschichte der menschlichen Gattung durch eine Jahrtausende währende Umgangsnotwendigkeit. Ich glaube also, ganz vereinfacht gesagt, daß sich ethische Systeme in einer in sich geschlossenen Kultur oder auch in einer bestimmten Gegend (was auch eine Firma oder x-beliebige sonstige Gemeinschaft von Menschen sein kann) im Laufe der Evolution der Beziehungen jeweils zu einem Optimum herausentwickelt haben: sozusagen am gegenseitigen Benehmen unter gewissen äußeren Rahmenbedingungen. Das ist ein Prozeß, der relativ viel Zeit braucht, der also ein einigermaßen stabiles äußeres Umfeld braucht. Wenn sich außen herum alles ändert, haben diese Verhaltensweisen nicht genug Zeit, sich wirklich zu festigen und in allen Herzen und dann erst ein bißchen in den Gehirnen festzusetzen, wobei ich an letzteres Instrument in diesem Zusammenhang nur sehr beschränkt glaube.

Natur und Ethik

Wie schaut es jetzt aus mit unserem Gesamtumgang mit der Natur und mit den Grundregeln unserer Verhaltensweise, wenn man den heutigen Zustand der Welt vergleicht mit den Jahrmillionen, in denen sich diese Regeln herausentwickelt haben? Darin liegt nach meinem Dafürhalten ein wesentlicher Schlüssel für die Bewältigung der ökologischen Frage.

Ich bin davon überzeugt – dieser Gedanke ist nicht von mir, er ist elementar von vielen nachdenklichen Leuten aus der Kirche, in der Biologie auch in der Soziologie unabhängig voneinander entwickelt worden –, daß die Menschheit in eine grundsätzlich neue Situation gekommen ist in den letzten 50-70 Jahren. Und zwar dadurch, daß sie wirklich ihren Finger am Nerv der Biosphäre zu haben beginnt. Das war überhaupt noch nie da! Wir haben, was die Menschen betrifft, eine derartige Menge von Einzelindividuen erreicht, daß wir schon ein echtes Gedränge auf der Welt haben. Wir haben unsere »Stoffwechselprodukte« in einer derartigen Weise multipliziert, daß die Atmosphäre, in der wir uns bewegen, sich schon etwas zu verändern beginnt. Wir haben – das hat es noch nie in der Wechselwirkung Mensch-Welt, wohl aber bei anderen Arten mit teilweise gewaltigen Konsequenzen gegeben – eine Konzentration erreicht, die das Aggressivitätspotential aufgrund der Dichte von Individuen ganz einfach steigen läßt. Unsere ethischen Systeme haben sich indes unter anderen Situationen entwickelt, insbesondere unter lange gleichbleibenden, wo diese Randbedingungen nicht gegeben waren. Es steht daher die Vermutung an, daß unsere alten Werte mitsamt den zehn Geboten – jetzt bin ich wirklich extrem überheblich, aber lassen Sie mich provozieren – nicht mehr ausreichen. Es gibt da so eine neue Qualität, die ich eben versucht habe zu skizzieren; nämlich diese Überfüllung der Biosphäre mit Menschen, und vor allen Dingen mit Stoffwechselprodukten ihrer industriellen Tätigkeit einerseits, mit einem zunehmenden Mangel an Rohstoffen andererseits, der früher überhaupt nicht empfunden worden ist, weil das Verhältnis Mensch zur Menge an Rohstoff enorm groß war. Das sind völlig neue Kategorien und das Problem, das hier hinzukommt, ist, daß sich diese neuen Werte nicht durch einen evolutionären Prozeß entwickeln werden können, weil dafür die Zeit viel zu kurz ist. Früher haben sich unsere Zusammenlebensregeln über mindestens hunderte von Jahren entwickelt, und zwar eher aus nicht-intellektueller Einsicht, in einem evolutionären Wechselspiel von Kraft und Gegenkraft. Jetzt müssen wir selbst einige Zusatzkategorien einbringen, die freilich aus intellektueller Einsicht zu entwickeln sind.

Sechs Maximen

Insbesondere – was die Wirtschaft betrifft – müssen wir in diesem Konnex sechs Forderungen aufstellen, die als Grundlage für das gesamte Verhalten Gültigkeit haben sollten und denen alle anderen Verhandlungsweisen nachzuordnen wären.

- Zum ersten muß man in alle Handlungen, Gesetze, Spielregeln, den Begriff der Sparsamkeit hineinbringen. Alles, was mit unnötiger Verschwendung zu tun hat, muß in einer gewissen Weise tabuisiert werden. Das muß als Verhaltensmuster verinnerlicht werden; ich kann es nicht verordnen, ich muß es mit der Muttermilch einsaugen.
- Das zweite ist der Gedanke der Vieldimensionalität. Alles, was mit Schubladisierung, mit Auseinandersperren, mit zu starker Kategorisierung, mit zu starker Spezialisierung zu tun hat, sei es jetzt im Sozialsystem, aber auch in den Firmen, ist ab einem gewissen Grad schlecht und führt zu einer lebensfeindlichen Entgleisung. Denken Sie bloß an die Monstrositäten in unserem Gesundheitssystem, wo man eine ganze Schicht, die früher durch Liebe und Fürsorge betreut wurde, aus der Gesellschaft herausdestilliert und in eine administrative Angelegenheit verwandelt hat, die sich jetzt selbst zu pervertieren beginnt. Auch die Schule nimmt solch monströse Züge an. Wir müssen also wieder zurück zu einer Integration, soweit es möglich ist.
- Drittens müssen wir versuchen, die Entfernung innerhalb der Gesellschaft durch das Auseinanderdriften der verschiedenen Bevölkerungsschichten wieder zu reduzieren, indem wir einen Reintegrationsprozeß starten.
- Und das ist nur möglich, wenn man – viertens – alles, was in Richtung einer Kleinräumigkeit der Lebensformen getan werden kann, wieder begünstigt. Alles was mit riesengroß, mit extrem spezialisiert, mit voneinander entfernt zu tun hat, ist tendenziell schlecht. Man kann nicht sagen, daß es wirklich schlecht ist, aber in seiner Summe ist es schlecht.
- Fünftens nimmt der Egoismus zu, weil er von unserem Wirtschaftssystem gefördert wird. Es wird der individuelle Egoismus zu stark strapaziert; man nützt

ihn zu stark aus und ab einem gewissen Strapazierungsgrad des reinen individuellen Vorteils kehrt er sich gegen sich selbst, beginnt er, die Gemeinschaft zu zerstören und damit auch wieder das Individuum zu beeinträchtigen. Daher meine ich, daß wir alles tun müssen, was einen neuen bewußten Idealismus für eine Reihe von Grundwerten fördert und begünstigt. Wenn es nicht gelingt, die Leute davon zu überzeugen, daß es sich rentiert, eine Zeit lang Eigennutz hinter die Gemeinnützigkeit zu stellen, weil sie sich darauf verlassen können, daß ihnen die Gemeinschaft das wieder zurückgibt, wenn sie sich selbst exponieren, dann leidet letztendlich die gemeinsame Zielsetzung. Damit ist im eigenen Umfeld zu beginnen: an der Arbeitsstätte, im privaten Bereich. Wir brauchen einfach wieder ein gewisses Maß an bewußtem und honoriertem Idealismus.

- Und der letzte Punkt dieser sechs Maximen ist, daß wir uns viel mehr um die Pädagogik kümmern müssen. Wir investieren viel zu wenig soziale Wertschöpfung in das pädagogische System – sowohl materiell als auch ideell. Verglichen mit dem Aufwand, den andere Lebewesen, die uns entfernt ähnlich sind, für ihre Nachkommen betreiben, z.B. ihre Gesamtaufwendungen in der Erziehung oder in der Brutpflege, ist der Mensch kinderfeindlich geworden. Und von hierher kommt folgerichtig eine ganze Reihe von gewaltigen Problemen, wie das der Orientierungslosigkeit, der Zunahme der Aggressivität; Dinge, die Politiker besser kennen als ich.

Wenn man diese sechs Handlungsschwerpunkte noch einmal komprimiert, um sie vermittelbar zu machen, zumal ich glaube, daß man Orientierung nur vermitteln kann, wenn man – so gefährlich es auch ist – die einzelnen Gedankensysteme vereinfacht und in Schwerpunkte zusammenfaßt, so meine ich, daß ein bißchen gebotsähnlich vorgegangen werden sollte. Sicher finden sie sich auch in den zehn Geboten irgendwo versteckt; sicher, aber nicht so explizit. Es sind also zu fordern für die grundlegend neue Situation der Welt ganz einfach drei zusätzliche Handlungsmaximen.

Drei neue Gebote

- Erstens: Treibe mit nichts Verschwendung. Das steht so in den zehn Geboten *expressis verbis* nicht drinnen und war zum Zeitpunkt als sie formuliert wurden auch nicht so aktuell.
- Zweitens: Lehre deine Kinder, sich zu freuen. Wir müssen ganz bewußt alle Möglichkeiten nutzen, aus ganz bestimmten motivatorischen Gründen, Freude in die Welt hineinzubringen, denn sie ist offensichtlich ein momentan abnehmendes Gut. Sie verdampft, und es gibt immer weniger glückliche Gesichter, insbesondere in den hochentwickelten Industriestaaten und insbesondere bei den Politikern. Man sieht keine lachenden Politiker mehr oder nur solche, die mit düsterer Miene einherkommen, wobei gerade sie die wären, von denen wir gerne sehen würden, daß sie wissen, wo es hingeht – und daher glücklich sind. Denn man kann ja so richtig zufrieden nur dann sein, wenn man einen guten Plan und das Gefühl hat, morgen werde ich es allen zeigen! Meistens geht es dann eh nicht, aber heute ist man zufrieden.
- Der letzte Punkt dieser drei zusätzlichen Handlungsmaximen ist ein extrem allgemeiner, aber unheimlich wichtiger. Er besagt, daß man alle Handlungen, die man trifft, daraufhin prüfen sollte, ob sie dem Leben in seiner Gesamtheit nützen und also in der Summe lebensfreundlich sind.

Die Umsetzung

Damit komme ich zur Praxis der Umsetzung dieser Maximen. Und es muß erwähnt werden, daß das strategische Geschäft der Wirtschaft seinerseits tagtäglich ja auch eine Reihe von Handlungsanreizen oder Richtlinien erzeugt.

- Zum ersten müssen wir unsere wirtschaftlichen Prozesse längerfristig so restrukturieren, daß wir den Massestrom, also alle Ströme von Gütern, ja, von Materie überhaupt, in sich schließen. Das wird nie ganz möglich sein, aber wir müssen zur Reduktion und Vermeidung der Deponierung und Verschmutzung der Erdkruste wie auch der Atmosphäre so weit als möglich alles unternehmen, damit wir einen materiellen Kreislauf erreichen. Das gilt für die Landwirtschaft, wo es auch über Jahrtausende der Fall war, ebenso wie für die Industrie, die solche Kreisläufe in Mangelzeiten stets befolgte. Nur jetzt, wo Rohstoffe wesentlich billiger sind als Altstoffe, schmeißt man das Gerümpel weg und überläßt den Nachkommen die Kosten der Entsorgung, die dann meistens höher sind als vorher zu vermuten war.
- Das zweite ist: wir müssen die Energie zumindest in einem kontinentalen Rahmen so teuer machen, daß alles getan wird, um mit ihr sparsam umzugehen und die entsprechenden Innovationspotentiale auch anzukurbeln, wozu uns die EU eine schöne Möglichkeit gibt.
- Mit den Geldern, die man z. B. von dort herbekommt, kann man – drittens – eine ganze Reihe von ökologisch relevanten, noch ausstehenden Projekten realisieren. Man muß eine Rente abschöpfen aus der gesamten Wertschöpfung, die für ökologische Aktivitäten, Reparaturen und die Prophylaxe eingesetzt wird.
- Ein weiterer Punkt wäre, die Produktion längerfri-

stig so umzugestalten, daß Produkte schon a priori ihre Recyclierbarkeit in sich tragen. D. h. daß man sich also nicht erst den Kopf über die Entsorgung zu zerbrechen beginnt, nachdem das Design eines Produktes schon abgeschlossen ist, sondern schon in den Konstruktionsbüros, bei der Werkstoffwahl und bei der Wahl der Produktionsverfahren muß darüber nachgedacht werden, daß dieses Produkt irgendwann einmal wieder zurückkommen wird.

Wie kann man das jetzt durchsetzen? Wir wissen, jeder von uns weiß, daß er einem scheinbar unentwirrbaren Netz von Sachzwängen unterworfen ist. Und wenn man mit ganzem Herzen und mit großer Begeisterung etwas Gutes tun will, dann muß man mit Entsetzen feststellen, daß relativ viel von diesen guten Absichten in etwas Schlechtes umschlägt. Hinzu kommt, je kontroversieller und vernetzter die Probleme werden, desto stärker wird dieser Effekt, so daß man eigentlich nichts mehr richtig machen kann, daß man sich nicht mehr richtig bewegen kann und daß man einer Fülle von Sachzwängen ausgesetzt ist, die einen erdrücken. Kurz, man ist verleitet das Gefühl zu entwickeln, eine Marionette zu sein, die von irgendwelchen schon vordisponierten Entscheidungen und Sachverhalten getrieben wird. Ich bin freilich auch davon überzeugt, daß gerade der Entscheidungsträger in der Politik oder in der Wirtschaft, der diesen Verhältnissen extrem ausgesetzt ist, die Pflicht hat, ein Loch in die Sachzwänge zu reißen. Wenn er das nicht kann, wenn er dazu zu wenig intellektuell ist, oder, was sein Potential betrifft, sich dazu nicht in der Lage fühlt, dann soll er besser aufhören.
Wir müssen diese Konsequenz einfach fordern und selbst einhalten, sonst können wir nämlich nichts mehr gestalten. Wenn wir alle sagen, daß wir Getriebene der Verhältnisse sind, ohne sie mindestens marginal

aus unserer Einsicht her zu beeinflussen, dann haben wir eine nicht mehr aufzuhebende Bankrotterklärung unterschrieben. Spätestens an diesem Punkt werde ich dann immer gefragt: Ja, aber wie macht man's denn?

Der Marsch durch die Institutionen

Zum ersten glaube ich, daß die Durchsetzung einer Gruppe von Basisideen, wie ich sie versucht habe zu skizzieren, natürlich eine unglaubliche Geduld voraussetzt. Man kann von heute auf morgen gar nichts oder nur etwas Falsches machen. Und zum zweiten hänge ich der Auffassung an, daß es ein duales Prinzip gibt, wie man solche Systemveränderungen – und es ist eine Veränderung des gesamten vernetzten Systems – lebt.

Man muß eine Reihe von vermittelbaren Orientierungsprinzipien haben, in einem Unternehmen ein Unternehmenskonzept, in einer Partei ein Parteiprogramm, Grunddispositive also, wie ich sie eben zu skizzieren versucht habe. Das heißt, ganz einfach auf eine Reihe von Grundsätzen und Handlungsmaximen zurückgreifen können, die kommunizierbar sind. Diese Maximen muß man predigen, predigen und nochmals predigen. Es ist auch in meinem Beruf als Manager die Hauptaufgabe, herumzurennen wie ein Wanderprediger und nie zu glauben, daß das, was ich einmal gesagt habe, schon verstanden ist. Man muß es hundert und tausend Mal sagen. Das ist die eine Seite dieses Dualprinzips und das zweite ist, daß man in einem Prozeß, der irgendwie einem Akupunkturprozeß vergleichbar ist, eine Reizung verschiedener, teilweise harmloser Stellen in der Gesellschaft mit Ideen, mit Vorschlägen vornimmt, welche die Aktivitäten des ganzen Systems langsam hinüberschwenken in eine neue Richtung.
Das heißt zusammengefaßt: Erstens klar vermittelbare

Handlungsmaxime, je nach Organisation, in der man sich befindet, und zweitens die Entdeckung derjenigen sensiblen Schaltstellen, meistens Kommunikations- und Entscheidungsmechanismen, wo man wirklich was bewegen kann. An den Hochschulen, im pädagogischen Apparat, in den politischen Parteien, in den Medien, in den großen Industrieunternehmen kann man, wenn man eine klare, gut durchdachte Überzeugung hat, auch heute jederzeit einiges bewegen, was einen sehr großen Multiplikatoreffekt hat.

Abschließend soll noch die Rolle der Entscheidungsträger in diesem, die Zukunft so beeinflussenden, wichtigen Prozeß kurz reflektiert werden. Wir können hier, jeder auf seinem Platz, vier Hauptaufgaben ausmachen.

- Erstens: Jeder hat – ich habe es als meine verdammte Pflicht und Schuldigkeit zu empfinden – seine (meine) normalen dienstlichen Handlungen nach bestem Wissen und Gewissen in ein übergeordnetes ethisches System zu integrieren. Und zwar so, daß wir dabei stets das Gefühl haben können, das Ganze ist in sich logisch und auch vermittelbar für Leuten mit verschiedensten Einstellungen. Also nicht nur für Gleichgesinnte, sondern auch den Kritikern muß das Handlungsgefüge ein stimmiges Bild vermitteln. Der wichtigste Punkt dabei ist, sein Umfeld zu analysieren und seine Ziele zu definieren, und zwar jeder an seinem Platz. Das ist eine ganz große, wenn nicht die wesentlichste Aufgabe für den Entscheidungsträger – und zugegebenermaßen auch eine ganz große Banalität. Doch wenn man sich an die Brust klopft und fragt: Habe ich es wirklich getan, dann findet man allerdings so manche Schwachstellen.
- Wenn man das gemacht hat, dann ist man in der Lage, tendenziell zumindestens, die zweite Haupt-

aufgabe zu erfüllen, nämlich den uns anvertrauten Mitarbeiterinnen und Mitarbeitern eine gewisse Orientierung, Halt und Sinn zu geben. Man sollte das Orientierungs- und Sinnbedürfnis nicht unterschätzen. Mit dem zunehmenden Grad an gegenwärtiger Wirrnis und komplexer Problemfülle wird die Sehnsucht nach ehrlichen und nicht machtgetriebenen Leuten, die Wege durch dieses Dickicht zeigen, gewiß noch ansteigen. Und ehe man partikularistisch irgendwelche Hau-Ruck-Aktivitäten macht oder sonstwie Sprüche klopft, die nach drei Wochen wieder vergessen sind, zahlt es sich aus – zumindest einmal im Leben! –, ein ganzes Jahr darüber nachzudenken, um diese Faszination der Orientierungsfindung und dann -vermittlung in sich zu verspüren. Das ist ganz wichtig.

- Ein dritter Punkt betrifft die Aufgabe, die Entscheidungsabläufe in Politik und Wirtschaft um 90 Grad zu drehen, und zwar weg von den funktionalen, alten Strukturen, wie sie z. B. in unserer öffentlichen Verwaltung oder auch in den traditionellen Firmen mit ihren Auf- und Abteilungen, Sektionen und Sektoren gang und gäbe sind. Wir haben statt dessen unsere Aktivitäten prozeß- und projektorientiert zu organisieren. Dabei kann dann festgestellt werden, daß in den Regierungen, in den Verwaltungen, in den großen Firmen, also in sämtlichen öffentlichen wie privaten Einrichtungen für die wirklich wichtigen Aufgaben ganz wenige Leute vorhanden sind, während für all die Aufgaben, die letztlich niemanden interessieren, tausende vorhanden sind. Oder?

Das heißt also, daß wir eigentlich unsere Organisationen noch immer nach den Aufgaben der Vergangenheit auslegen und sie nicht für die Aufgaben der Gegenwart und der Zukunft adaptiert haben.
Fortschrittliche Firmen sind projektorientiert, je fortschrittlicher desto mehr, und die Politik wäre gut

beraten, wenn sie sich einen Teil von diesem Know-how herüberholen würde.

- Der vierte Punkt besagt, daß jeder von uns einen Marsch durch die Institution machen kann, durch die, in der er etwas bewegt. Und zwar durch die eigene und nicht durch die, wo die anderen zuständig sind!

Erlauben Sie mir zum Abschluß noch eine persönliche Bemerkung: ich habe mit meinen Überlegungen und meiner Überzeugung – ich beschäftige mich jetzt seit zehn Jahren mit diesen Fragen – nicht sehr viel, aber doch einiges bewirken können in der österreichischen Industriewelt, in den Verbänden, in den Standesvertretungen, indem ich ganz einfach meine Überzeugung dort, wo es möglich war, geäußert habe; indem ich versucht habe, mir Raum zu verschaffen – und mich auch nicht vor Konflikten und Beschimpfungen oder Verspottung habe entmutigen lassen. Und wenn es dann gut gegangen war, gab es für mich eine große Freude, daß ich gegen die Mehrheit Gedanken durchgesetzt hatte, die sich später als richtig herausgestellt haben. Das waren gewiß im Weltenlauf nur kleine Sachen, keine großen Dinge, aber trotzdem wert, gemacht zu haben; nicht zuletzt um mit der dabei gewonnenen Kraft und Zuversicht im vorgenannten Sinne die Mitarbeit und Mitmenschen zu motivieren, selbst im hier dargelegten Sinne tätig zu werden.

Klaus Michael Meyer-Abich

Chancen und Selbstbeschränkung von Politik und Ökonomie im Kontext ökologischer Handlungsnotwendigkeiten

> *Umweltprobleme sind Wahrnehmungsprobleme. Die Umweltzerstörung beginnt in unseren Köpfen und Herzen, nicht erst im Handeln.*

Seit nunmehr schon Jahrzehnten gilt der umweltpolitische Dreisatz:

1. So geht es nicht weiter.

2. Was statt dessen geschehen müßte, ist im wesentlichen bekannt.

3. Trotzdem geschieht es nicht. Warum?

Ich sehe nur die Erklärung, daß wir trotz aller Bekenntnisse zum Umweltschutz eigentlich doch immer noch nicht eingesehen haben, warum wir nicht so weitermachen dürften. Hätten wir es wirklich verstanden, so würden wir es auch wollen. Und wenn wir es wollten, wüßten wir, was zu tun ist. Deshalb wende ich mich an Ihre Einsicht.

Die Verantwortung für die Umweltzerstörung wird von den Konsumenten, der Wirtschaft und den Politikern vorzugsweise den jeweils beiden andern zugeschoben. Statt dessen käme es darauf an, daß jeder bei sich anfängt.

Unterteilt man das Bruttosozialprodukt nach Verwendungsarten so entfallen in Deutschland rund 55 Prozent auf den privaten Verbrauch, 20 Prozent auf den Staatsverbrauch und 20 Prozent auf Investitionen. Bei den letzteren sind die privaten Verbraucher wiederum mit jedem Auto, jedem Kühlschrank, jedem Haus etc., insgesamt etwa zur Hälfte, beteiligt, so daß rund 65 Prozent des Bruttosozialprodukts durch die Taschen der Verbraucher fließt. Da mit der Wirtschaftstätigkeit soziale Kosten verbunden sind, die teilweise sogar über den wirtschaftlichen Erträgen liegen, muß das Sozialprodukt nicht nur als ein Maß des wirtschaftlichen Erfolgs, sondern auch als ein Maß der damit verbundenen Zerstörung gelten. Somit sind dann auch hier die privaten Verbraucher zu rund zwei Dritteln dabei. Ein verändertes Konsumverhalten, das sich bei einer wachsenden Minderheit abzeichnet, wäre eine Sprache, die man auch in der Wirtschaft sehr gut verstehen würde. Zu sagen, die Wirtschaft sei schuld an der Umweltzerstörung und der Staat solle endlich etwas dagegen tun, dann aber ins Auto zu steigen und so weiterzumachen wie bisher, ist kein Verhalten mündiger Wirtschaftsbürger, sondern die Verbraucher sollten zuerst einmal bei sich selber anfangen.

Aber auch die Politiker machen es sich zu bequem, wenn sie einerseits auf das Verhalten der Bürger verweisen, das sie nicht nachhaltig einschränken oder verbieten können, und andererseits ins Feld führen, sie müßten auf die Wirtschaft Rücksicht nehmen. Zwar brauchen wir die Wirtschaft, um die Probleme, die wir ohne sie nicht hätten, zu lösen, allerdings auf anderen Wegen. Aber nach unserer Verfassung sind Abgeordnete dem ganzen Land verantwortlich und sollen nicht – so wie es Parteipolitiker in der Regel am besten verstehen – vorrangig auf die Klientel Rücksicht nehmen, die sie gewählt hat. Wie man dieser Verantwortung am ehesten gerecht wird, war der Gegenstand einer klassischen Kontroverse zwischen Edmund Burke und Henry Cruger, die 1774 als Abgeordnete von Bristol ins englische Parlament gewählt wurden. Beide bekannten sich dazu, Verantwortung übernommen zu haben, aber Cruger verstand darunter die Rechenschaftspflicht gegenüber seinen Wählern, Burke die Verantwortung für die Sache, für das Land: diese wollte er als Abgeordneter für sein Land und nicht nur für seinen Wahlkreis wahrnehmen und sich dafür dann später rechtfertigen. In der Praxis hat sich – verfassungswidrig – die Crugersche Auffassung durchgesetzt. Richtig bleibt aber, daß ein Politiker, der in ein Amt gewählt wurde, zunächst einmal die eigene Verantwortung wahrzunehmen, also bei sich damit anzufangen hat.

Und drittens macht die Wirtschaft es sich zu bequem, wenn sie sich auf die Konsumenten-Souveränität herausredet, da sie nur das produziere, was die Konsumenten wünschten; die Leute brauchten ja die in Produktion, Vertrieb und Verbrauch umweltzerstörerischen Produkte nicht zu kaufen. Oder wenn im Allgemeininteresse etwas dagegen spräche, sei es Aufgabe des Staats, entsprechende Gesetze zu erlassen, damit niemand einen Konkurrenzvorteil oder -nachteil habe. Dieses Abschieben der Verantwortung auf den Staat, der vorab etwas tun solle, und auf die Konsumenten, die erst einmal ihr Verhalten ändern sollten, geht mir zu schnell. So wichtig die Konsumenten-Souveränität ist, gehört dazu doch auch die Produzenten-Souveränität, nicht alles zu produzieren, was sich unter Ausnutzung menschlicher Schwächen verkaufen läßt. Wir haben glücklicherweise eine freie Wirtschaft und sollten alles tun, daß sie als freie Wirtschaft erhalten bleibt. Dann muß aber die Wirtschaft auch darauf Rücksicht nehmen, daß Freiheit ohne Verantwortung keine Freiheit ist und nicht als Freiheit in Anspruch genommen werden darf. Wenn ich frei handle, bedeutet das, daß ich selbst verantwortlich bin. Das gilt auch für die Wirtschaft, die ebenso wie die beiden anderen Gruppen, der Staat und die Konsumenten, bei sich selber anfangen und nicht die Verantwortung den jeweils anderen zuschieben sollte.

Die Umweltzerstörung ist unwirtschaftlich.
Der Staat muß dafür sorgen, daß dem Allgemeinwohl nicht durch die Wahrnehmung von Partikularinteressen geschadet wird.
Der Wirtschaft müssen Ziele und Grenzen gesetzt werden, die nicht wirtschaftsimmanent zu begründen sind.

In der Tradition von Pigou und Kapp weisen Ökonomen seit langem darauf hin, daß aufgrund der privaten Wirtschaftstätigkeit Schäden entstehen, welche durch die Erträge nicht gedeckt werden, wenn nicht entsprechende Grenzen gesetzt werden. Diese gesellschaftlichen Kosten wurden zunächst nur als »externe Kosten« (Marshall) zwischen einzelnen thematisiert, bei denen das Verursacherprinzip gelten sollte, wenn beispielweise Ruß aus dem nachbarschaftlichen Schornstein auf die im Garten trocknende Wäsche fällt. Derartige Externalitäten gibt es mittlerweile aber auch im weiteren Sinn. Flüsse, in denen man nicht mehr baden kann, und Luft, die man nicht mehr einatmen mag oder deretwegen man in Gegenden wie die des Klosters

Marienberg fährt, um wieder saubere Luft einatmen zu können, sind nicht nur ein Nachbarschaftsproblem. Die Schäden, die der ganzen Gesellschaft aufgrund privater Wirtschaftstätigkeit auferlegt werden, die »gesellschaftlichen« (Kapp) oder Sozialkosten, summieren sich nach Berechnungen des deutschen Umweltbundesamtes mittlerweile auf 100-200 Milliarden Mark pro Jahr. Das sind ca. 4-8 Prozent des Bruttosozialprodukts, dem eine Wachstumsrate von bestenfalls 2-3 Prozent gegenübersteht. Volkswirtschaftlich saldiert, ist damit der Wohlstand eher rückläufig, weil die Kosten des Wirtschaftswachstums größer sind und schneller wachsen als die Erträge. Das aber heißt: die heutige Wirtschaftstätigkeit ist unwirtschaftlich, denn die Kosten werden durch die Erträge nicht gedeckt. Beispielsweise kostet die Gesellschaft das private Autofahren noch einmal so viel wie den Autobesitzer. Es ist schlicht unwirtschaftlich, wenn die zweite Hälfte einfach auf Kosten der Lebensbedingungen der Allgemeinheit finanziert wird.

Ein Teilsystem, das man nach seinen internen Optimierungskriterien expandieren läßt, wird sich zu Lasten des Ganzen entwickeln. Jede Teilaktivität, die nicht mehr die Grenzen spürt, in denen sie ein Teil ist, kennt verständlicherweise nur das eigene Interesse. Man kann nicht erwarten, daß die Wirtschaft oder die Wirtschaftswissenschaft aus sich heraus die Grenzen deutlich machen kann, die der Wirtschaftsaktivität gesetzt werden müßten. Diese Grenzen können wohl auch von Seiten des Staats nicht einfach verordnet werden. Es bedarf vielmehr einer gemeinschaftlichen Anstrengung, die Wirtschaft wieder in die Kultur einzubetten. Ich meine Kultur im weitesten Sinn als den Garanten der Integrität des Lebenszusammenhangs, der durch die ungehemmte Entwicklung bedroht ist. Wenn die Wirtschaft unser aller Wirtschaft sein soll, dann ist es auch unser aller Aufgabe – der Unternehmer und der Konsumenten, der Arbeitgeber und der Arbeitnehmer, des Staats und der Gewerkschaften – sich an der Gestaltung des Lebenszusammenhangs, wie wir in Zukunft leben möchten, zu beteiligen.

Die heutige Erwerbsarbeit ist ungerecht verteilt und richtet teilweise mehr Schaden an als sie nützt. Damit nicht mehr so vieles ungetan bleibt, sollte die informelle Arbeit oder Eigenarbeit, wie es machmal heißt, politisch gefördert werden.

Die seit Jahren hohen Arbeitslosenzahlen zeigen vor allem, daß die heutige Erwerbsarbeit ungerecht verteilt ist. Die verschiedenen Unterstützungen reichen zwar aus, damit niemand verhungern muß. Es kommt jedoch darauf an, Menschen einen würdigen Lebensunterhalt zu ermöglichen, der auch dem sonstigen Lebensstandard der Gesellschaft entspricht. Daß die italienische Verfassung ein Recht auf Arbeit enthält, finde ich sehr schön; denn das beinhaltet, daß zunächst einmal die Arbeit gerecht verteilt werden soll. Ansätze dazu hat es in Deutschland durch den Einstieg in die 35-Stunden-Woche gegeben. Das Institut für Arbeitsmarkt- und Berufsforschung in Erlangen hat errechnet, daß dadurch etwa eine Million neuer Arbeitsplätze geschaffen werden könnten. Das geht aber nicht so einfach, daß diejenigen, die Arbeit haben, einen entsprechenden Anteil ihrer Arbeit bei entsprechend vermindertem Gehalt abgeben, denn die Qualifikationen sind nicht entsprechend verteilt. Eine umfassende Qualifikationspolitik, wie sie ansatzweise durch die Umschulungsmaßnahmen in den neuen Bundesländern entwickelt wird, könnte zur Lösung des Problems beitragen, jedoch nur auf lange Sicht. Daß etwa 30 Prozent eines

Jahrgangs studieren, mag vernünftig sein. Aber in den Ausbildungsbereichen darunter müßte wesentlich mehr geschehen, auch wenn (oder gerade weil) das System der beruflichen Ausbildung im allgemeinen nicht schlecht ist.

Da aber diese Bestrebungen langfristig angelegt sein müssen, werden wir meines Erachtens nicht umhinkönnen, zumindest übergangsweise so etwas wie einen zweiten Arbeitsmarkt einzurichten. Damit ist gemeint, daß die Zahlung von Unterstützung seitens der Gesellschaft mit der Erwartung verbunden ist, nicht nur nach einem neuen Arbeitsplatz zu suchen, sondern dafür auch etwas zu tun. In vielen Bereichen, beispielsweise im Umwelt- und Sozialbereich, ist unglaublich viel zu tun, was derzeit nicht getan wird. Bisher Arbeitslose könnten angelernt und mit Arbeiten betraut werden, zu denen die anderen nicht kommen. Sie würden dann zu Tarifen beschäftigt, die unter denen des ersten Arbeitsmarktes liegen, aber über den jetzigen Unterstützungen. Vielleicht kann man ein Wahlrecht einbauen, um auf diejenigen, die das nicht möchten, keinen ungebührlichen Zwang (wie etwa im Arbeitsdienst des Dritten Reichs) auszuüben.

Die Fragen der Umverteilung, der Arbeitslosenunterstützung und der Sozialhilfe, auch der Gedanke der negativen Einkommenssteuer (wer nichts zu versteuern hat, bekommt ein gewisses Minium) sollten uns grundsätzlich daran erinnern, wie unvernünftig das jetzige System der relativ hohen Besteuerung von Arbeit und der vergleichsweise niedrigen Besteuerung von Kapital ist. Es trägt dazu bei, daß Arbeitsplätze wegrationalisiert werden, weil es sich lohnt, Kapital statt Arbeit einzusetzen. Energie beispielsweise ist bei uns viel zu billig und richtet in der Verwendung ungeheure Schäden an. Eine Verteuerung der Energie durch eine allmählich steigende Energiesteuer ist das mindeste, was geschehen müßte. Damit könnte sehr viel getan werden. Auch die Subventionierung der traditionellen Landwirtschaft kommt in der Regel nicht denen zugute, für die sie gedacht war, sondern den Großbetrieben und trägt dazu bei, daß die heutige industrielle Landwirtschaft nach dem Verkehr die größte Umweltbelastung ist. Bauern ein Gehalt dafür zu geben, daß sie die Landschaft bewahren, Almen pflegen und Lebensräume erhalten, also sozial- und umweltpflegerisch wichtige Arbeit leisten, würde erheblich billiger als die jetzige Subventionierung einer Landwirtschaft, die mehr schadet als nützt.

Die Industrieländer leben zu Lasten der Dritten Welt, die Reichen zu Lasten der Armen. Mit der Klimaveränderung droht eine dritte Stufe der Kolonisierung. Entwicklungspolitik muß bei uns ansetzen, nicht in der Dritten Welt.

Die Industrieländer leben zu Lasten der Dritten Welt, die Reichen im Norden leben zu Lasten der Armen im Süden. Es ist mittlerweile nicht mehr umstritten, daß die absehbaren Klimaänderungen als Folge der wirtschaftlichen Entwicklung sich im wesentlichen im Süden auswirken werden. Auch hierzulande wird es Änderungen geben, aber eher so, daß es etwas wärmer wird, was ja sehr angenehm sein könnte. Möglicherweise werden die Lebensbedingungen nach Norden hin günstiger, so daß wir Reichen im Norden auf längere Sicht sogar Vorteile haben könnten. Im Süden aber, der zudem von der Landwirtschaft weitaus abhängiger ist, werden die Klimaänderungen vor allem zu räumlich und zeitlich anders verteilten Niederschlägen führen. Das bedeutet eine Zunahme von Dürren und Überschwemmungen, die sich direkt auf die ohnehin schon ständig gefährdete landwirtschaftliche Produktion auswirken werden. Zu etwa drei Vierteln werden die absehbaren Klimaänderungen die Länder der Dritten Welt, die sogenannten Entwicklungsländer treffen. Verursacher sind die reichen Länder des Nordens ebenfalls zu etwa drei Vierteln. Durch unsere Art im Wohlstand zu leben, insbesondere durch unsere sehr hohen Energiebudgets, leben wir auf Kosten der Armen. Dies trägt dazu bei, daß sich die ohnehin gefährdeten Lebensbedingungen der Dritten Welt noch weiter verschlechtern. Nach der Kolonialisierung durch Soldaten im Anschluß an die Entdeckung Amerikas und nach der Durchsetzung der jetzigen Weltwirtschaftsordnung, die eine Ordnung zu nennen eigentlich ein Euphemismus ist, ist dies eine dritte Stufe der Kolonisierung.

Unabhängig davon, daß die Länder der Dritten Welt für vieles selbst verantwortlich sind und bei ihnen selbst sehr viel geschehen müßte, ist der entwicklungspolitisch wichtigste Faktor tatsächlich der, daß wir ihnen durch unsere Art, im Wohlstand zu leben, schaden. Die beste Entwicklungshilfe wäre es, zuerst einmal damit aufzuhören. Das heißt: wir müßten hier bei uns beginnen. Wenn wir anfangen, unsere Wirtschaft anders zu organisieren, den Umgang mit Energie zu rationalisieren und all das nicht mehr so falsch zu machen, was wir bisher falsch machen, könnte die Dritte Welt sich diese neue Art einer kultivierteren Wirtschaft zum Vorbild nehmen. Solange wir nur sagen: »Bitte sehr, hier müßt ihr anders leben!«, deuten sie zu Recht mit dem Finger auf uns zurück und sagen: »Wieso? Ihr nehmt euch immer noch den größeren Anteil, und wir sind in unseren Aktivitäten weit unter dem Quotienten, der herauskommt, wenn man das, was bei fünf Milliarden Menschen noch nicht klimaschädlich wäre, auf jeden einzelnen verteilt.« Wir hingegen haben unser Kontingent überzogen und liegen pro Kopf weit darüber. Nach den Empfehlungen der Klima-Enquete des Deutschen Bundestags, der ich angehört habe, müssen wir unseren Energieumsatz bis 2005 um 25-30 Prozent reduzieren. Die deutsche Regierung hat sich diese Empfehlung zu unserer Freude sehr schnell zu eigen gemacht und beharrt – mindestens verbal – darauf, das Einsparungsziel zu realisieren. Daß es damit nicht recht vorangeht, ist eine andere Frage.

Die notwendigen Veränderungen sind so weitreichend wie die Einführung des Sozialstaats. Unser Verhalten zur natürlichen Mitwelt wie zu den sozial Schwachen ist eine Frage der Menschenwürde. Dementsprechend muß sich das Eigentumsverständnis erneut wandeln. Der Sozialstaat sollte sich zu einem Staat in der Natur (Natur-Staat) entwickeln.

In der italienischen Verfassung, die ich mir daraufhin angesehen habe, ob es irgendeinen Anhaltspunkt für das gesellschaftliche Verhältnis zur Natur gibt, kommt ein einziges Mal das Wort »natürlich« vor und zwar im Zusammenhang damit, daß die Familie eine »natürliche« Lebensform sei. Im Südtiroler Autonomiestatut ist von Raumordnung, Landschaftsschutz, Bergbau, Jagd, Fischerei und dergleichen die Rede; aber das betrifft Wirtschaftszweige und Wirtschaftsaktivitäten. In die italienische Verfassung ist davon nur der Landschaftsschutz aufgenommen, woran man schon sieht, wie wenig der Naturzusammenhang des Lebens in der Verfassung eines modernen Staats vorkommt. Die Natur als der Lebenszusammenhang des Ganzen, zu dem wir Menschen und die natürliche Mitwelt gehören, kommt im bisherigen Staatsverständnis praktisch nicht vor. Unser gesamtes politisches Denken verharrt im Grunde auf dem Niveau des 18. Jahrhunderts. Damals wurden mit der Begründung des modernen Rechtsstaats ungeheure Fortschritte gemacht. Inzwischen aber leben wir in der Industriegesellschaft und gefährden unsere Lebensgrundlagen und die der natürlichen Mitwelt. Trotzdem kommt auch im deutschen Grundgesetz »Natur« nur in drei sehr charakteristischen Wortverbindungen vor. Einmal ist von »Naturkatastrophen« die Rede, wo die Länder- und Bundeskompetenzen entsprechend verteilt werden, um richtig zu handeln. Art. 15 GG handelt zweitens von »Naturschätzen«; er besagt, daß das Grundeigentum als Eigentum an Bodenschätzen auch verstaatlich werden könnte. Und drittens wird der »Naturschutz« erwähnt. Also: Naturkatastrophen, Naturschätze und Naturschutz – das ist das Spektrum der Naturwahrnehmung in der deutschen Verfassung.

Die notwendigen Veränderungen sind freilich nicht damit zu erreichen, daß häufiger das Wort Natur hinzugefügt wird. Auch der Begriff Sozialstaat kommt in der deutschen Verfassung nur zweimal vor und hat doch eine große Bedeutung in unserer Verfassungswirklichkeit. Er kann sogar zum Vorbild einer neuen Naturorientierung werden, insoweit er ja nicht nur einer bestimmten unterprivilegierten Bevolkerungsgruppe Hilfe geben soll, sondern besagt, daß der gesamte Staat nicht in Ordnung ist, wenn einige Mitbürger nicht so menschlich leben können, wie es den gesellschaftlichen Verhältnissen entspricht. Es geht sozusagen nicht nur um kalte Füße, gegen die man etwas tun muß, sondern um den Kreislauf insgesamt. So war es verfassungsrechtlich die eigentliche Pointe, den Staat insgesamt als Sozialstaat zu organisieren und nicht nur ein Sozialfürsorge einzurichten.

Auch im Hinblick auf die Natur sollte der Staat meines

Erachtens insgesamt als ein Staat in der Natur oder als ein Natur-Staat eingerichtet werden. Dafür möchte ich aus der deutschen Verfassung drei Beispiele geben. Art. 1 GG lautet: Die Würde des Menschen ist unantastbar. Ist es nicht auch eine Frage unserer Menschenwürde, wie wir mit Pflanzen und Tieren umgehen? In der Politik gilt immer noch das anthropozentrische Weltbild. Umweltschutz ist danach nötig, soweit Menschen betroffen sind. Aber ist es nicht auch ein Verstoß gegen die Menschenwürde, wie wir Landschaften zurichten, Flüsse vergiften, Tiere und Pflanzen mit dem Aussterben bedrohen? Unter Menschen verletzt man ja auch nicht nur die Menschenwürde eines anderen, wenn man ihn unmenschlich behandelt, sondern gleichermaßen die eigene. Im zwischenmenschlichen Verhältnis ist das zumindest moralisch anerkannt. Wieso merken wir nicht, daß wir gegen unsere Menschenwürde verstoßen, wenn Flüsse so aussehen, wie sie in Industriegebieten in der Regel aussehen? Ist das nicht auch eine Frage der Menschenwürde?

Nach Art. 2 GG hat jeder das Recht auf die freie Entfaltung seiner Persönlichkeit, soweit er nicht die Rechte anderer verletzt und gegen die verfassungsmäßige Ordnung verstößt. Gemeint sind die Rechte anderer Menschen. Aber wieso nur der Menschen? Wenn der Rechtsstaat der Stand unserer politischen Kultur ist, wäre es dann nicht an der Zeit, auch Rechte im Umgang mit der natürlichen Mitwelt, also Rechte von Pflanzen, Tieren und Landschaften, zu respektieren? Rechtsphilosophisch und rechtspolitisch ist dies eine umstrittene Frage. Ich empfinde es als einen unserer gegenwärtigen politischen Verfassung entsprechenden Weg, uns in unserem Verhalten nicht nur am Recht anderer Menschen, sondern auch an Eigenrechten von Pflanzen, Tieren und Landschaften zu orientieren. Zumindest soll-

te man auch sie als Dritte, denen man um ihrer selbst willen nicht schaden darf, berücksichtigen, nicht nur andere Menschen.
Die Berufsfreiheit des Art. 12 GG beinhaltet, daß jeder das Recht hat, Beruf, Arbeitsplatz und Ausbildungsstätte frei zu wählen. Dem möchte ich hinzufügen: Durch die Berufstätigkeit dürfen keine zusätzlichen Risiken für Dritte oder für die Allgemeinheit und die natürliche Mitwelt entstehen. Bisher ist das nicht einmal für menschliche Dritte gewährleistet. Beispielsweise sind von jährlich im Lauf der Jahrzehnte durchschnittlich etwa 10.000 Toten durch den Autoverkehr in Westdeutschland ungefähr ein Drittel Dritte, Fußgänger und Radfahrer, die das Risiko des Autoverkehrs selber gar nicht eingegangen sind. Ob der Staat das eigentlich zulassen darf, ist eine verfassungsrechtlich sehr interessante Frage. Skifahren, Schwertschlucken, Segeln und dergleichen gehört zur freien Entfaltung der Persönlichkeit; man darf es, solange man anderen nicht schadet. Aber die freie Entfaltung der Persönlichkeit dürfte doch eigentlich erst recht nicht so weit gehen, daß man – wie beim motorisierten Individualverkehr – andere Menschen zu Tode bringt, und meines Erachtens auch nicht so weit, daß man der natürlichen Mitwelt schadet.
Schließlich enthält Art. 14 GG die Sozialpflichtigkeit des Eigentums. Ich denke, es müßte so etwas wie eine Naturpflichtigkeit hinzukommen. Diese kann ich mir in der Form vorstellen, daß das Eigentum nicht grundsätzlich als Individualeigentum verstanden wird, so daß jeder Eingriff in die individuellen Eigentumsrechte als eine Beschränkung anzusehen ist. In Anlehnung an frühere Vorstellungen, wie z.B. das Lehenswesen, könnte Eigentum in dem Sinn gestaffelt sein, daß es zwar ein Individualeigentum gibt, aber doch auch ein Miteigentum kleinerer oder größerer Teile der Allgemeinheit.

Ein Recht auf Heimat sollte den Bewohnern einer Landschaft besondere Mitbestimmungsrechte geben, z. B. durch Zuerkennung von Miteigentumsrechten am Individualeigentum (statt der Enteignungsrechte der Regierung).

Die Zuerkennung von Miteigentumsrechten habe ich einmal in der Form vorgeschlagen, daß ein Recht auf Heimat eingeführt werden sollte. Es dürfte doch eigentlich nicht gegen das Einverständnis der lokalen Mitbürger passieren, daß jemand nach längerer Zeit der Abwesenheit seine Heimat nicht wiedererkennt, weil da alle möglichen Leute mit ihren Grundstücken alles Mögliche gemacht haben, was ihnen nützt oder Nutzen versprach, aber den mitmenschlichen und mitweltlichen Lebenszusammenhang zerstört. Dazu sind sie als Individualeigentümer legitimiert; aber ist nicht doch zu fragen, wie weit Veränderungen gehen dürfen und ob es nicht so etwas wie eine gesellschaftliche Mitbestimmung durch Miteigentum geben sollte? Ich meine die Staffelung von Eigentum so, daß diejenigen, die in der Nähe wohnen, auch eine stärkere Mitsprache an der Veränderung ihrer Heimat haben als diejenigen, deren Heimat nicht dort ist. Dabei denke ich an ein Bild, mit dem ich schließen möchte, nämlich das Spektrum der Antworten auf die Frage: Wo bin ich oder wo sind wir hier?

Eine erste Antwort lautet: im Kloster Marienberg. Aber wir sind nicht nur im Kloster Marienberg, sondern wir sind in einem Landstrich, in einer Provinz oder Region, wie es in der italienischen Verfassung heißt: also in Südtirol. Dieser Ort, an dem wir hier sind, ist ein Teil von Südtirol; wir sind gleichzeitig an diesem Ort und in Südtirol. Das ist wiederum Teil eines größeren Landes, Italiens, wie die staatlichen Verhältnisse nun einmal geordnet sind, und Teil Mitteleuropas. Wenn wir hier sind und hier leben, dann leben wir auch in Mitteleuropa und das heißt, daß wir in unserem Leben hier eine Mitverantwortung für Mitteleuropa insgesamt haben, insoweit unsere Verhaltensweisen Mitteleuropa betreffen. Das geht nun aber weiter, denn wir leben ja nicht nur in Mitteleuropa, sondern in Europa insgesamt, und wenn Sie das fortsetzen, schließlich letzten Endes auf der Erde selbst. Wir sind hier auch auf der Erde insgesamt, zusammen mit weiteren fünf Milliarden Menschen. Dementsprechend weit reicht auch unsere Verantwortung. Die individuelle menschliche Verantwortung soll sich nicht nur auf den unmittelbaren Lebenskreis erstrecken. Ich bin hier nicht nur im Kloster Marienberg, sondern auch auf der Erde selbst, und indem ich sage, was ich hier sage, hoffe ich, damit auch etwas für die Erde und die Entwicklung der Lebensverhältnisse ingesamt zu tun. In dieser abgestuften Weise könnte ich mir so etwas wie ein Recht auf Heimat denken oder entsprechend gestaffelte Eigentumsrechte.

Peter Mühlschlegel

Geist, Geld und Macht

Unser Umgang miteinander im Wirtschaftsleben ist zu grob. In der großen Politik sind die kalten Krieger dabei abzurüsten, im Wirtschaftsleben dagegen noch lange nicht.

Verfeinerung und Bewußtseinserweiterung auf allen Ebenen tun not.

Wenn es im Ökonomischen um die Bewußtseinserweiterung geht, bietet uns die deutsche Sprache eine Reihe feinsinniger Wortbilder an. Den alten Griechen war *Ökonomie* ursprünglich das Gesetz, das im Haus(halt) regiert. Die Wurzeln des deutschen Begriffes *Wirtschaft* sind nicht weniger tief. *Wirt* ist von Grund auf jeder, der ein Stück Land oder ein Haus betreut, in zweiter Linie ein Gastgeber, schließlich derjenige, der die Gastlichkeit als Gewerbe ausübt; aber die indoeuropäische Wurzel des Wortes ist dieselbe wie die zu *wahr*, lateinisch *verus*, englisch *very* und *verity*, bedeutet also von alters her jemanden oder etwas, dem man vertrauen kann. Natürlich ist das den wenigsten Deutschsprechenden bewußt; aber wenn sie es erfahren, können sie die umfassende göttliche, auch ökonomische Weisheit ermessen, welche die »Vertrauenswürdigkeit« zum »erhabensten Werkzeug für die Wohl-

Bernd Guggenberger, Das Alphabet der Zweige

fahrt der Welt«, zum »Horizont der Sicherheit für alles Leben« proklamiert, wie es Bahá'ùlláh proklamiert.
Ein anderes deutsches Wort ist noch wichtiger und noch faszinierender für unseren Zusammenhang. Keiner zahlt gern Steuern. Die Franzosen verwenden dafür das Wort *impôt*, lateinisch *impositum*, etwas von oben her Aufgedrücktes, etwas Aufgezwungenes. Die Engländer sprechen von *tax*. Das ist ebenfalls lateinisch und bedeutet ursprünglich das abtastende Prüfen einer Ware; es konnte auch ein Tier oder ein Sklave sein. Außerdem gebrauchen die Engländer *dut* und erinnern damit an die steuerbürgerliche Pflicht, zum öffentlichen Wohl beizutragen. Natürlich zahlen die Deutschen ihre Steuern genauso ungern wie die Franzosen, Engländer und Amerikaner, aber das Wort *Steuer*, das sie dafür verwenden, gibt mehr her und hat sogar zwei Formen: eine weibliche für das, was der deutsche Bundeskanzler Helmut Kohl neuerdings lieber *Abgaben* nennt, und eine sächliche für das Lenkungsinstrument bei einem Schiff, einem Auto oder einem Flugzeug. Erst in den 50er Jahren unseres Jahrhunderts kamen die Wissenschaftler wieder einmal darauf, daß bei den alten Griechen der Steuermann *kybernos* hieß und daß man eine neue Stufe der allgemeinen Systemtheorie sinnvoll »Kybernetik« nennen könnte; der gedankenvolle deutsche Steuerzahler indes weiß schon seit undenklichen Zeiten, daß das, was ihn drückt, mit der Steuerung gesellschaftlicher Lebensabläufe zu tun hat, und viel weniger als sein englischer oder französischer Nachbar ist er dazu verführt, an so etwas wie eine unsichtbare Hand im Adam Smithschen Sinne zu glauben, welche die wirtschaftlichen Abläufe verläßlich lenkt..

Damit stehen wir bereits mitten in der allgemeinen Theorie der sich selbst entwickelnden Systeme. Ervin Laszlo, den man als den philosophischen Exponenten dieser ungemein wichtigen und modernen Theorie bezeichnen kann, bringt die Sache auf eine Weltformel und schreibt: »In unserem Universum ordnet sich Materie in immer komplexeren Einheiten, deren Teile zusammenhängen und das gleiche Schicksal erleiden. Diese geordneten Einheiten nennt man Systeme.« Laszlo erklärt dann gleichgewichtsnahe und gleichgewichtsferne Systeme – Gesichtspunkte, die wichtig sind, aber nicht so sehr in unserem Zusammenhang. Wir sollten hier wie Laszlo bei den allgemeinen Aspekten natürlicher, technischer und gesellschaftlicher Systeme bleiben, uns jedoch in eine andere Richtung bewegen und zwischen »niederen« und »höheren« Systemen unterscheiden. Um die Wirklichkeit richtig zu verstehen, sollten wir sodann den Satz wagen: Höhere Systeme müssen gesteuert oder bis zur Selbststeuerung entwickelt werden. Daß dieser Satz auf Schiffe, Autos oder Flugzeuge angewandt werden kann, ist offensichtlich. Denken Sie nur daran, wie im Zuge der technischen Entwicklung immer mehr Selbststeuerungs-Einrichtungen in allen dreien verwendet werden, oder in Ihrer Waschmaschine und all den anderen technischen Sklaven, die Sie beschäftigen.

Trifft unser Satz aber auch auf natürliche und auf gesellschaftliche Systeme zu? Sehen Sie sich die Säugetiere an, wie sie von ihren Instinkten gesteuert werden, wenn sie nicht vom Menschen als Nutz- und Haustiere gesteuert und erzogen werden. Bei den Menschen liegt die Notwendigkeit der Steuerung oder Erziehung bis hin zur Stufe der Selbststeuerung oder Selbsterziehung auf der Hand. Der Orient rät: »Betrachte den Menschen als ein Bergwerk, reich an Edelsteinen von unschätzbarem Wert. Nur die Erziehung kann bewirken, daß es seine Schätze enthüllt und die Menschheit daraus Nutzen zu ziehen vermag.« Wieweit die Notwendigkeit der Steuerung oder Erziehung auf gesellschaftliche Systeme zutrifft, darüber läßt sich streiten. In der Wolle gefärbte Anarchisten dürften diese Notwendigkeit verneinen; aber es ist eine Sache der wahren Religion und der wahren Weisheit, den Organismus der Gesellschaft wie denjenigen eines Menschen zu betrachten. Denn: »Wisse, daß die wahrhaft Weisen die Welt mit dem menschlichen Tempel vergleichen. Wie der Körper des Menschen eines Gewandes bedarf, sich zu kleiden, so muß der Menschheit Körper mit dem Mantel der Gerechtigkeit und Weisheit geschmückt sein. Ihr Prachtgewand ist die Offenbarung, die Gott ihr verliehen hat. Wann immer dieses Gewand seinen Zweck erfüllt hat, wird der Allmächtige es gewiß erneuern.«

»Das Wesen der Religion« ist also, daß sie die Menschen in derselben Weise steuert, wie die Tiere von Instinkten gesteuert werden. Der »Mantel« des Gesellschaftskörpers und das souveräne Werkzeug der gesellschaftlichen Steuerung sind »Weisheit« und »Gerechtigkeit«. Unweise und ungerecht wäre es daher, das selbständige Forschen nach Wahrheit als die oberste Pflicht jedes einzelnen Menschen zu bezeichnen und gleichzeitig zu behaupten, die wirtschaftlichen Tätigkeiten der Menschen mußten von einer allmächtigen Staatsbürokratie genau geplant und scharf kontrolliert werden, wie es in totalitären Systemen geschieht, die auf eine verengte Sicht der menschlichen Wirklichkeit gegründet sind. Obwohl man sich auf die bereits erwähnte »unsichtbare Hand« von Adam Smith nicht voll verlassen kann, kann man sie doch mit Maßen in einem System geordneter Märkte benutzen, das mit Weisheit und Gerechtigkeit gesteuert wird.
Fast jeder Wirtschaftsprofessor ist stolz auf seine eigene Definition dessen, was Wirtschaft sei; aber als Generalnenner läßt sich sagen, daß Wirtschaft die organisierte Bereitstellung knapper Mittel zur Befriedi-

gung menschlicher Bedürfnisse ist. Solange das Wesen der menschlichen Bedürfnisse, ihre Angemessenheit und das Wesen ihrer Befriedigung nicht hinreichend geklärt sind, führt das Bemühen um die Mittel, ihre Bereitstellung und deren Organisation, zu materieller und geistiger Umweltverschmutzung. Das Wesen der menschlichen Bedürfnisse usw. läßt sich nur dadurch erfassen, daß man menschliche Motivationen zu erkennen und zu steuern sucht.
Sehr feine wissenschaftliche Zugänge zu den menschlichen Motivationen haben amerikanische Psychologen in den 60er und 70er Jahren gefunden, vor allem Abraham Maslow. Ihre Erkenntnisse gehören heute zum Rüstzeug im Erziehungswesen und haben auch in der Unternehmensführung, im Marketing usw. Eingang gefunden.
Persönlich und gesellschaftlich werden menschliche Organismen motiviert von der Suche nach

1. Einsicht
2. Liebe
3. Opfer/Pflichterfüllung
4. Lohn und/oder von der
5. Furcht vor Strafe.

Es gibt viele Sinnzusammenhänge und Intensitätsstufen für die Anwendung dieser Theorie, aber das Prinzip ist immer dasselbe.
Einsicht, Liebe und Opfersinn sind geistige Haltungen, gekennzeichnet durch Selbststeuerung, erreicht durch (Selbst)Erziehung. Soweit es um gesellschaftliche Steuerung geht, sind die beiden anderen Ebenen der Motivation, Lohn und Strafe, in erster Linie eine materielle, praktisch-politische Angelegenheit.
Die Werkzeuge für die Steuerung höherer natürlicher und gesellschaftlicher Systeme können wir in drei Kategorien einteilen:
Geist, Geld und Gewalt.

Der Kulturfortschritt besteht darin, daß die auf die Steuerung menschlicher Angelegenheiten verwendete Menge Geist maximiert, die Menge Gewalt minimiert, die Menge Geld in den richtigen Grenzen gehalten wird.
Geist umfaßt unter dem Blickpunkt der Steuerung alles, was die Menschen dazu bringt, aus freien Stücken und aus eigenem Verständnis das zu tun, was sie objektiv tun sollen. Für den praktischen Gebrauch läßt sich Geist bestimmen als die Summe aller Werte, Vorbilder und Ziele.

Geld läßt die Menschen das tun, was sie tun sollen, auch wenn sie es vielleicht nicht tun mögen, damit sie die Dinge bekommen, die sie gern haben.

Gewalt bringt sie dazu, das zu tun, was sie sollen, auch wenn sie es nicht mögen.

Jahrtausendelang lebte die Menschheit in der Spannung zwischen *Geist* und *Gewalt*. Propheten, Dichter und Philosophen verkündeten, was das Leben sein kann, wenn es die nötige geistige Freiheit gewinnt. Aber gleichzeitig war die Masse der Menschen mit tausend Fesseln an ihr Leben gekettet und denjenigen ausgeliefert, die die wirtschaftliche Knappheit durch Herrschaftssysteme manipulierten. Die Sehnsucht der Menschen nach besseren Lebensbedingungen wurde auf ein Jenseits statt auf die Zukunft gerichtet. Heute, im interessantesten Zeitalter der ganzen Weltgeschichte, erleben wir nicht nur geistige und politische, wirtschaftliche und gesellschaftliche, sondern auch monetäre Revolutionen. Zum erstenmal in der ganzen Menschheitsgeschichte gibt es ein genügend machtvolles Mittelding zwischen *Geist* und *Geld*. Geld und Kredit sind ungleich machbarer geworden, nicht nur als Verkaufsprodukte eines mächtigen Wirtschaftszweiges, sondern auch und in erster Linie als Werkzeuge zur Steuerung des gesellschaftlichen Organismus. Manche nennen das die Keynesianische Revolution. Eine der besten Anwendungen dieser neuen Tatsachen leistete Karl Schiller in der Bundesrepublik Deutschland während der frühen 70er Jahre unter dem Stichwort »Globalsteuerung«; natürlich ließ sich dieses Konzept gegen die Machtinteressen des Kalten Krieges nicht voll durchsetzen. So führte das neue Instrumentarium bis jetzt nur zu weltweiter Inflation, in jeder der 150 existierenden Währungen. Und offensichtlich werden wir alle den Rest unserer Tage mit der Inflation weiterleben müssen. Entscheidend ist, daß man die staatsphilosophische Tragweite erkennt und mit wahrer Verantwortungsethik das Steuerungsmittel in den *Griff* bekommt. Anders als auf Weltebene geht das nicht mehr. Schon vom Wortsinn her ist es absurd, *Global*steuerun als ein *binnen*wirtschaftliches Instrumentarium zu definieren.

Wie aber überwindet man die Inflation?
Diese Frage ist schwer, so schwer wie die nach der Heilung eines Drogensüchtigen. Elemente der Antwort kann die deutschen Wirtschaftsgeschichte dieses Jahrhunderts liefern. Die Deutschen hatten nämlich die beiden schlimmsten Inflationen der Weltgeschichte und sie haben daraus gelernt, indem sie das beste bestehende Notenbankgesetz geschaffen haben. Im Unterschied zu den anderen Zentralbanken darf die Deutsche Bundesbank dem Staat nur sehr begrenzte Kredite geben. Sie muß die Wirtschaftspolitik der Regierung – in eigener Verantwortung – unterstützen, ist aber nicht weisungsgebunden. Mit anderen Worten, die deutschen Zentralbanker sind so unabhängig, wie es in halbwegs demokratischen Staaten die Richter sind. Von Zeit zu Zeit sagt die Zentralbank nein zu Regierungsentscheidungen, und dann muß sich die Regierung die Sache anders überlegen.

Ich bin fest überzeugt, daß diese Verfassung die wahre Grundlage künftiger Zentralbankpolitik ist. Wenn Geld die Welt regiert, kommt es nach der Befreiung vom *barbarischen Relikt* der Golddeckung darauf an, wer oder was diejenigen regiert, die das Geld regieren. Sie müssen ein hohes Ethos entwickeln: Wie keiner ein guter Arzt sein kann ohne eine konstruktive Vorstellung von Gesundheit oder ein guter Jurist ohne eine klare Vorstellung von Gerechtigkeit, so kann niemand ein brauchbarer Zentralbanker sein, ohne eine zukunftsweisende Vision von gesellschaftlichem Gleichgewicht im Weltmaßstab zu haben. Hier geht es um »göttliche Vernunft«, voll identisch mit »reiner praktischer Vernunft« im Sinne Kants. Der Königsberger Philosoph, der bekanntlich seine 'Kritik der reinen Vernunft' und die 'Kritik der praktischen Vernunft' erst in fortgeschrittenen Jahren ausgearbeitet hatte, schrieb unter dem Eindruck der Französischen Revolution eine Abhandlung 'Zum ewigen Frieden' mit einem Anhang: 'Über die Mishelligkeit zwischen der Moral und der Politik, in Absicht auf den ewigen Frieden'. Er setzt sich darin mit den »Schlangenwendungen einer unmoralischen Klugheitslehre« auseinander, »macht alle Künsteley zu Schanden« und formuliert wie folgt: »trachtet allererst nach dem Reiche der reinen praktischen Vernunft und nach seiner Gerechtigkeit, so wird euch euer Zweck (die Wohlthat des ewigen Friedens) von allein zufallen.« Ohne Furcht, als Atheist verschrieen zu werden, nimmt Kant hier den allbekannten Vers aus der Bergpredigt (Matth. 6:33) auf und setzt für *Gott* die *reine praktische Vernunft* ein. Man bedenke, wie folgenreich, wie verheerend dieser großartige Gedankengang in den zweihundert Jahren seither sowohl von praktizierenden Politikern wie auch von »wissenschaftlichen« Politologen verdrängt worden ist!

Aber die Überwindung der Inflation hat außer der

Unabhängigkeit der Zentralbank und dem Ethos der Zentralbanker noch eine dritte grundlegende Voraussetzung: Zur Sicherheit aller, auch der währungspolitisch Handelnden, muß es eine solide Deckung für das Geld im Sinne einer Anbindung nicht nur an das Gold, sondern an eine ganze Vielzahl von international gehandelten Rohwaren geben. Denkanstöße dazu findet man bei Abdùl-Baá. In einer Rede in Montreal spricht er 1912 von dem »Wunsch Gottes, daß im gesellschaftlichen Organismus jeder einzelne vollkommene Wohlfahrt und uneingeschränktes Wohlbehagen genießt. In jedem Dorf muß ein allgemeines Lagerhaus errichtet werden.« Bei der Aufzählung der Einkünfte dieses Lagerhauses spricht Abdùl-Baá von Währungseinheiten; offensichtlich hat er aber im Sinn, daß es Landwirten und anderen Urproduzenten erlaubt sein muß, ihre Steuern in Gestalt ihrer Produkte zu zahlen. Sein System ist zudem ausgesprochen dezentral. Nur »wenn nach allen Ausgaben Überschüsse im Lagerhaus verbleiben, müssen sie an das nationale Schatzamt abgeführt werden.«
Diese Vorstellungen führen uns durch *reine praktische Vernunft* zu einem Verbundsystem im Weltmaßstab, in welchem Nahrungsmittel und andere nicht allzu leicht verderbliche Rohstoffe weltweit gelagert und von einer künftigen Weltzentralbank her finanziert werden, am besten dadurch, daß die Zentralbank die Rohwaren zu festen, aber jährlich um einen gewissen Prozentsatz veränderbarer Interventionspreise bis zu bestimmten Höchstmengen ankauft und bei entsprechender Preisentwicklung wieder verkauft.

Forderungen nach den ersten Stufen eines solchen Verbundsystems mit Interventionen in etwa 18 Rohwaren sind von den Südstaaten an die Nordstaaten im Rahmen der UNCTAD (UN-Konferenzserie für Handel und Entwicklung), der Brandt- und der Brundtland-Kommission seit Jahren gestellt, aber von den Nordstaaten abgelehnt worden. Daß sich von den Rohwarenpreisen her der Geldwert am ehesten stabilisieren läßt, diese Einsicht bedarf offenbar noch erheblicher Lerninvestitionen.

Eine Weltzentralbank der geschilderten Art trüge sich selbst und könnte zum Beispiel die Lagerkosten für Rohwaren durch Zinseinnahmen auffangen, aber sie könnte die Haushaltsdefizite der viel zu vielen Regierungen nicht in dem Maße finanzieren, wie es die 150 nationalen Notenbanken gewohnt sind. So wird es voraussichtlich schwere politische Kämpfe kosten, ehe der Internationale Währungsfonds nach solchen Ideen reformiert werden kann.

Das von Shoghi Effendi formulierte Ziel eines »einheitlichen, allumfassenden Währungs-Systems« hat bedeutsame politisch-wirtschaftliche Folgerungen und kann zur Zeit noch Opposition hervorrufen, wo dies unnötig und schädlich ist. Deshalb wäre es kontraproduktiv, eine monetäre Utopie in allen Einzelheiten auszumalen. Hilfreich und unumgänglich ist aber, sich die zentrale Bedeutung des Geldwesens zur Steuerung gesellschaftlicher Abläufe bewußt zu machen. Sollte das nicht Anlaß sein, grundlegend im Weltmaßstab über Geist, Geld und Gewalt als Steuerungsinstrumente nachzudenken?

»Es erben sich Gesetz« und Rechte wie eine ew'ge Krankheit fort«, läßt Goethe Mephistopheles zum Schüler sagen. Für die Steuergesetzgebung gilt das in besonderem Maße. Der Wust an Regelungen und Ausnahmen wird immer schlimmer, die Reformbemühungen bleiben auf der Strecke. Unter dem Durcheinander leidet vor allem die Steuermoral, die Bereitschaft der Bürger, dem »Kaiser zu geben, was des Kaisers ist« (Mark. 12,17), und ihr Teil zu den wachsenden öffentlichen Auf- und Ausgaben beizutragen. Dabei ist eine

gesunde, motivierte Steuermoral das einzige, was Besserung verspricht.
Offensichtlich fehlt es an Denkanstößen, an einer umfassenden Neubesinnung. Wer vor 30 oder 40 Jahren die harten Bänke der Universitäten drückte, hörte im Fach Finanzwissenschaft, Kapitel Steuerlehre, daß Steuern nur aus Einkommen gezahlt werden können und deshalb die progressive Einkommensteuer die einzige *gerechte* Steuer sei. Allerdings sei die Verwaltung dieser Steuer besonders aufwendig; deshalb sei auch eine *billige*, mit geringem Aufwand zu verwaltende Steuer wie die Umsatzsteuer gerechtfertigt. Und schließlich seien die Menschen nun einmal so, daß sie zuviel Schnaps, Wein, Bier und Kaffee tränken und zuviel rauchten, wenn der Staat diese schönen Sachen nicht kräftig besteuerte.

Heute, unter dem Eindruck der immensen Schäden, die wir mit unserer ganzen Wirtschafts- und Lebensweise an unserer Umwelt anrichten, rückt das dritte dieser Steuerargumente immer weiter in den Vordergrund: Wir müssen mit Steuern Verhalten steuern, mit Steuern den Dingen die wahren Preise verpassen, die sie unter Einbezug der jeweiligen Umweltbelastung insgesamt kosten. Nach den Regeln gerechter Staatsführung sollte fortan nicht nur der zahlen, der mehr verdient als die anderen, sondern auch der, der mit seiner Produktion und/oder seinem Verbrauchsverhalten die Umwelt stärker belastet als die anderen. Dieses Prinzip der Umwelt-Steuerpolitik ist eine wichtige Ergänzung der Umweltpolitik, die bislang vorwiegend durch staatliche Fest- und Durchsetzung von Höchstwerten der Schadstoffemission betrieben wird. Zwar haben die Finanzwirtschaftler diejenigen Steuern nicht gern, bei denen das staatliche Erziehungsziel, die Volksgesundheit zu heben oder die Umwelt zu schützen, im direkten Gegensatz steht zum staatlichen Finanzziel, möglichst viel Steuern

einzunehmen: aber das ist allenfalls ein Schönheitsfehler an dieser Art Steuern. Fast immer ist es klüger, unliebsame Dinge zu erlauben und hoch zu besteuern, als sie rundherum zu verbieten.
Solange diejenigen, die mehr verdienen als die anderen und meist das Sagen haben, eher an einem ewigen »Weiter so!« interessiert sind als an einer umfassenden Neubesinnung, wird aus dem Prinzip gerechter (Umweltverbrauchs-)Besteuerung nicht viel werden. Immerhin zeichnen sich erste Ansätze ab.
Ernst Ulrich von Weizsäcker, behandelt in seinem Buch 'Erdpolitik. Ökologische Realpolitik an der Schwelle zum Jahrhundert der Umwelt' mögliche Grundlagen der Umweltbesteuerung ausführlich. Aber wie die Naturschützer und nach und nach auch die politischen Parteien sieht Weizsäcker den Steuerbereich der Umweltpolitik vorwiegend im nationalen Rahmen mit der Nebenforderung nach europäischer und internationaler Harmonisierung sowie nach gleichwertigen Entlastungen bei den herkömmlichen Steuern.

Wichtig ist, daß wir über den nationalen und den europäischen Tellerrand hinausblicken lernen, denn die Umwelt ist ein Weltproblem. Weltprobleme zeichnen sich dadurch aus, daß sie auf der Ebene von 180 souveränen Nationalstaaten totsicher nicht mehr lösbar sind.

- Weltproblem Nr. 1 ist die Hochrüstung; wir haben nach wie vor einen zwanzigfachen atomaren Overkill und ähnliche Scheußlichkeiten auf unserem kleingeschrumpften Planeten.

- Weltproblem Nr. 2 ist der Nord-Süd-Ausgleich, und die Konferenz der Vereinten Nationen in Rio de Janeiro über Umwelt und Entwicklung zeigt mit allen ihren Denkanstößen, wie eng dieses Weltproblem Nr. 2 mit dem

- Weltproblem Nr. 3, der Umweltbelastung, verknüpft ist.

Zur Lösung der hier anstehenden Problematik möchte ich nochmals auf die bereits angezogene Passage aus der Kant'schen Abhandlung 'Zum ewigen Frieden' verweisen.
Die reine praktische Vernunft, frei von nationalen und sonstigen Vorurteilen, verlangt nach einer neuen Art Steuern, wie sie nur auf der Weltebene möglich ist. Diese Notwendigkeit deckt sich mit einer zweiten, ebenso dringlichen: Es ist absolut unumgänglich, den Vereinten Nationen eine eigene Finanzierungsgrundlage zu verschaffen, damit sie nicht wie bisher bei den Mitgliedsstaaten um die Abführung der Mitgliedsbeiträge betteln gehen müssen und ihre wachsenden umwelt- und ausgleichsorientierten Aktivitäten ausweiten können.

Kreativer Umgang der Politiker mit der »reinen praktischen Vernunft« ist gefragt, mehr als wortstarkes Gejammer um die horrenden Folgen der Weltprobleme Nr. 2 und 3. Bis jetzt tun die Verantwortlichen so gut wie nichts. In dem zur UNCED in Rio abgelieferten Bericht des Bundesumweltministers kommen nationale Umweltsteuern im Sinne Weizsackers fast gar nicht vor, weltweite Steuern natürlich überhaupt nicht.
Ewig weiter so?

Bernd Guggenberger
Vom Irrtumsrecht des Menschen

Irren ist menschlich, sich nicht irren zu dürfen nicht menschengemäß! Eine Welt, die den Irrtum verbietet, ist eine unmenschliche Welt. Kann es indes einen Zweifel geben, daß wir unsere Welt jeden Tag mehr mit Strukturen überziehen, die den »Irrtum – den kollektiven wie den individuellen – verbieten? Daß wir Lebensverhältnisse festschreiben und fortentwickeln, unter denen wir uns nicht mehr irren dürfen – weder beim Überqueren der Straße, noch beim Einnehmen von Pillen, weder bei der Entscheidung für eine Energietechnologie, noch bei irreversiblen großflächigen Stadtplanungen, weder im Cockpit eines Jumbojets, noch an den Schalthebeln der atomaren Wechselbedrohung? *Errare humanum est*! Wir haben diesen Satz allzulang mißverstanden: Wir sind gewohnt, ihn so zu hören, als konstatiere er einen Mangel.

Wir sollten ihn jedoch wohl eher im Sinne einer Auszeichnung interpretieren – als eine Aussage letztlich darüber, was den Menschen eigentlich zum Menschen macht, was ihn in spezifischer Weise vor anderen Lebewesen auszeichnet: Allein der Mensch kann sich irren und folglich *dazulernen*, es sei denn, er richtet sich die Welt so ein, daß Irrtümer unausweichlich lebensgefährlich und gattungsbedrohend werden.

Wenn es aber zum Wesen des Menschen gehört, sich selbst und seine Lebensverhältnisse durch Irrtumserfahrung zu bereichern und zu erweitern, dann gibt es auch so etwas wie ein *Menschenrecht auf Irrtum* oder, anders gewendet, eine Pflicht zur Schaffung und Erhaltung einer fehlerfreundlichen Umwelt; wenn es geradezu einen Teil seiner Überlegenheit ausmacht, daß er im Wege von *Versuch und Irrtum* klüger werden kann, dann gilt es, alles daran zu setzen, sich diese Art des Lernens und Dazu-Lernens auch zu erhalten.

Hans Jonas meinte in einer Diskussion zu diesem Gedanken lapidar: Der Mensch begehe doch ersichtlich auch so schon genug Irrtümer, es erübrige sich, ihn noch eigens dabei zu unterstützen. Der Einwand verfehlt indes die Pointe dieser Überlegung: genau dies sehen wir ja bedroht, »Recht« und Chance, auch künftig Irrtümer zu begehen und aus ihnen zu lernen; und genau dies wollen wir ja gewahrt sehen, die Möglichkeit des Irrtums, bei dem nicht gleich die Welt untergeht. Zur Produktivkraft wird der Irrtum ja nur dort, wo wir ihn nicht zu teuer bezahlen müssen. Der Irrtum, der uns viel oder im Extremfall alles kostet, ist heuristisch so wertlos wie didaktisch katastrophal. Hier wird nicht das Recht gefordert, zwischen Pulverfässern mit offenem Feuer zu spielen, sondern das Recht auf eine Welt, die man mit einem Streichholz nicht in Brand stecken kann!

Kategorischer Irrtumsvorbehalt

Das »Menschenrecht auf Irrtum postuliert nicht die Selbstermächtigung zur großen Irrtumskatastrophe; im Gegenteil: Weil es eben diese zu verhindern trachtet, orientiert es sich an der Welt, wie sie ist, nicht an der, die wir vielleicht gerne hätten; an einer Welt mit unvollkommenen Menschen: Schlampern, Lügnern, Drükkebergern, mit extremen Egoisten, Mißgünstigen, mit Unausgeschlafenen, Depressiven, inkompetenten Scharlatanen, Verrückten, Machtbesessenen und vielen anderen. Zum »Realismus« bei der Beantwortung der Frage, welche Wagnisse der Technik zu verantworten sind und welche nicht, gehört das Bild des Menschen »wie er geht und steht«, mit all seinen Fehlern und Schwächen. Letztere sind der Preis der Freiheit. Billiger ist sie nicht zu haben. Wer den »Humanfaktor« an der Computernorm bemißt, muß sagen, daß ihm diese Freiheit, die eben auch Irrtums- und Versagensfreiheit ist, nicht zählt.

Der kategorische Irrtumsvorbehalt beinhaltet das Recht, in einer Welt zu leben, in der kein menschlicher Irrtum sich zur nicht wiedergutzumachenden Katastrophe auswachsen kann; in einer Welt zu leben, in der nicht alle wie Maschinen-Automaten funktionieren müssen, damit sie funktioniert, in der nicht alles feststellbar sein muß, damit sie feststeht; in der wir notfalls auch mal schwach sein und versagen dürfen und uns versagen. Wie wenig wir um diesen Zusammenhang wissen, zeigt exemplarisch das gedankenlose Reden von »menschlichem Versagen«. Was wir in Verkennung unserer eigenen biologischen und psychologischen Ausstattung als »menschliches Versagen« bezeichnen, ist stets Versagen einer nicht menschengemäßen Technik, d. h. einer Technik, die den Irrtum nicht honoriert, sondern bestraft. Dieses Reden zeigt darüber hinaus, wie sehr wir uns selbst schon im Modell der Maschine sehen und bewerten: der Maschinen-Automat, der uns das »Maß« vorgibt, weil er absolut kalkulierbar, fehler- und irrtumsfrei funktioniert. An dieser Meßlatte bemessen müssen menschliche Fähigkeiten immer minderwertig bleiben. Der (Irr-)Weg zum »Lückenbüßer«, zum Maschinen-Komplementär ist vorgezeichnet.
Es ist zu vermuten, daß die menschenlose Fabrik weit-

gehend störungs- und irrtumsfreie Funktionsabläufe garantiert. Doch ist sie ein Modell für das Gesamtgebäude unserer Wirklichkeit? Muß wirklich erst der Mensch mit seinen hoffnungslos antiquierten physischen und psychischen, ästhetischen und affektiven Bedürfnissen verschwinden, damit die technisch determinierte Welt fehler- und irrtumsfrei funktioniert? Was eigentlich ist »Zweck« und was das »Bezweckte«?
Es kann nicht schaden, wenn wir dies einmal zu Ende denken: Das Optimum an Zuverlässigkeit bietet nur die weitere »Autonomisierung« der Technik, die progressive Abkoppelung vom »Störfaktor« Mensch: durch Aussperrung von der Technik, durch Anpassung an die Technik. Anstatt die Technik für den Menschen unschädlich zu machen, gehen wir in vielen Fällen genau den umgekehrten Weg: wir machen den Menschen »unschädlich« für die Technik. In vielen Fällen reagieren wir schon ganz »automatisch«, ohne dies noch eigens wahrzunehmen, mit freiwilliger Selbstaussperrung aus den besonders sensiblen Kernbereichen technischer Prozesse. Das »Optimum« wäre hier unverkennbar die auf höchstem Niveau sich selbst planende, organisierende und regenerierende Technostruktur. Die einzig technikgemäße Welt ist, auf lange Sicht, die menschenlose Welt.

Großtechnik ist intolerant

Neben einer Vielzahl ganz alltäglicher Eingriffe in die Lebenswelt, die alle betreffen, erfolgt die Anpassung an die Technik vor allem über die durch Ausbildung, Schulung und systematische Gewöhnung vorbereitete und vorangetriebene »Mutation« eines Teils der Menschen zum »Techniker« mit exakt beschreibbaren Eigenschaften, eigener Sprache und eigenen Vorlieben, einem eigenen Rollen- und Selbstverständnis, einer eigenen »Moral« und einem Weltbild, welches sich deutlich abhebt von jenem der übrigen Gesellschaftsmitglieder. Der Mensch ist dabei, ein Fremdling zu werden inmitten der eigenen Hervorbringungen, ein geduldeter Sonderling, wo nicht ein ärgerlicher Störenfried, dem die technischen Systeme das Hand- und Denkwerk legen, den sie »ausstoßen« und, auf Zeit vorerst, »unschädlich« machen: umsiedeln und umschulen, unter den Boden schicken und in Schutzanzüge stecken, kontrollieren und dekontaminieren.

Können wir uns eine Technik leisten, die sich den Menschen nicht mehr leisten kann? Den Menschen, der lustlos ist und leidenschaftlich, übermütig und übel gelaunt, der vergißt und versagt? Können wir eine großtechnische Entwicklung fördern, die immer unverblümter den technikgerechten Bürger fordert, den auto- und atomgerechten Zeitgenossen? Großtechnische Systeme, und keineswegs nur die der militärischen Zweckbestimmung, sind ihrer Logik nach in höchstem Maße »intolerant«. Sie beschneiden lebbare Alternativen und Gegenentwürfe und zwingen uns, im Großen zielwandlungsunfähig in die »Versteinerung« hineinzuwachsen. Dies muß uns in der Tendenz grundsätzlich skeptisch stimmen gegenüber allen Technologien, welche den Erfahrungserwerb durch *trial and error* verbieten. Es ist gewiß kein Zufall, daß sich der erbittertste Widerstand gegen die Überformung mit großtechnologischen Systemen gerade an der zivilen und der militärischen Nutzung der Kernenergie entzündet.
Wie fatal ein strenger Irrtumsvermeidungszwang sich auf die Innovations- und Zielwandlungsfähigkeit im zivilisatorischen Entwicklungsgang auswirken könnte, wird deutlich, wenn wir uns erinnern, was die Menschheit alles der Irrtumsfähigkeit verdankt: von der Kraft des wärmenden Herdfeuers, bis zur Entdeckung Ame-

rikas, von den geradezu atemberaubenden, einzig im Versuchs- und Irrtumswege gewonnenen Erkenntnissen des neolithischen Gartenbaus, bis zu den Techniken der Haus- und Kriegstierdomestikation im alten Ägypten.

Wer sich auch nur am Rande mit Kulturanthropologie und Technikgeschichte beschäftigt hat, weiß, wie weit und wie steinig etwa der Versuchs- und Irrtumspfad von den im Rohzustand ungenießbaren, hartschaligen aber stärkehaltigen Körnern zum täglichen Brot war, jenem ungeheuren Freiheitsbringer, der dem archaischen Menschen eine bis dahin gänzlich unbekannte Sicherheit der Nahrungsversorgung garantierte und damit die Voraussetzung für eine schier unübersehbare Fülle technischer und kultureller Folgeimpulse schuf. Was für die Entdeckung des Penicillins gilt, gilt, *mutatis mutandis*, auch schon für die Entdeckung der beruhigenden Wirkung der Schlangenwurzel (Reserpin) durch »primitive« Indianer: Hier wie dort verdanken sich die entscheidenden Erkenntnisse der Produktivkraft von Zufall und Irrtum in der Kombination mit einem experimentellen Geist, der sich in der Freiheit des »spielerischen« Erprobens und Verwerfens ausdrückt. Wer etwa Hesiods »Arbeiten und Tage« zur Hand nimmt, wird feststellen, wie sich in der vorwissenschaftlichen Überlieferung, in Volksweisheiten und magischen Sinnsprüchen, Irrtümer mit frühen Einsichten in kausale Zusammenhänge aufs Innigste vermischen. Mythische und rationale Welterklärung existieren nicht einfach nebeneinander, sondern durchdringen und ergänzen sich vielfältig, ja, vielleicht kann man so weit gehen zu sagen, daß das Mythische und das Religiös-Ästhetische gerade jenen experimentell-suggestiven Kulturkontext stiften, der auch das technische Irrtumslernen ermuntert.
An vielen entscheidenden Einschnitten des technischen

Prozeßprogresses zeigt sich: Nicht der Entwicklungsfortschritt der Produktivkräfte selbst ist das Paradigma der Gesamtentwicklung; fast immer fungieren Geist und Kunst als Wegbereiter der Nützlichkeit, theoretische Neugier und spielerisch-antizipatorische Weltbildveränderung gehen fast immer als »Schrittmacher« der Werkzeugherstellung und der technischen Neuerung voran.

Unverzichtbarkeit von Spekulation

Für die anhaltende Unverzichtbarkeit disziplinierter Spekulation auch in der technisch überdeterminierten Welt könnte das aktuelle Haussieren zumal der »seriösen« Science-Fiction sprechen. Science-Fiction ist unverkennbar ein Kompensationsphänomen: Sie kompensiert den Erfahrungsverlust und die Bornierung unserer Vorstellungskraft in imaginativen Denkausbrüchen und literarischen Ersatzabenteuern, in denen sie spielerisch andere Welten ausprobiert.
War der Mensch nicht immer dort am erfolgreichsten, wo er »ohne Rücksicht auf Verluste« ausprobieren durfte, sich irren, sich korrigieren und wieder sich irren? Und wo konnte er mehr ausprobieren und verwerfen, ungestrafter sich irren und dazulernen als in den selbstgeschaffenen »Miniaturwelten« des Mythos und der Kunst, der Religion und der Philosophie, in Sprache und Stein, in Bildern und Gedankenbildern? Merkwürdig, wie wenig Anthropologen und Kulturphilosophen sich in ihren geläufigen Interpretationen durch die offen zutageliegende Beobachtung irritieren lassen, daß die Menschen am Beginn der technischen Zivilisation vor etwa fünftausend Jahren zwar bereits über eine semantisch reiche und grammatikalisch komplexe Sprache, jedoch erst über vergleichsweise primitive Werkzeuge und Techniken verfügten. Gibt es einen Fort-

schritt von den paläolithischen Höhlenmalern von Altamira zu Joseph Beuys, von den Kykladen-Künstlern zu Picasso und Brancusi? Gibt es einen Fortschritt in der Kunst und im Denken? Gibt es einen Fortschritt von Homer zu Thomas Mann oder Gabriel Marcia Marques? Gibt es einen Fortschritt von Sokrates und den Vorsokratikern zu – beispielsweise – Sartre und Heidegger? Die ungeheuren Fortschritte in den exakten Wissenschaften und in der technischen Naturbeherrschung sind evident. Wie aber steht es um den humanen Fortschritt, den geistigen Fortschritt: Fortschritt in der Philosophie, der Kunst und der Sprache während der letzten fünftausend Jahre?

Zum Wissen des Nichtwissens gehört viel Wissen

Wir haben in vielerlei Hinsicht eine »sokratische Situation«. Wenn's gut geht, wissen wir, daß wir nichts wissen. Die »Inkompetenzkompetenz« ist das Attribut der Einsichtigen: derer, die sehen, daß die Sicht schlecht ist und die Aussichten trübe; der Verstörbaren, der Beirrbaren. Den Unbeirrbaren plagen keine Gewißheitszweifel. Dem Beirrbaren dagegen ist Gewißheit nicht Ansichtssache sondern Sache. *Deshalb* weiß, wer weiß, daß er nichts weiß, so viel mehr als der, der wohlfeile Gewißheit pflegt. Zum Wissen des eigenen Nicht-Wissens gehört immer schon eine gehörige Portion Wissen: zunächst das Wissen um das *Wißbare*, also das Wissen darum, was wir grundsätzlich wissen können und was nicht; sodann das Wissen im speziellen Fall, *was* wir (noch) nicht wissen, und *warum* wir es (noch) nicht wissen; und schließlich das Wissen, was das *Fehlen* eines bestimmten Wissens in einem bestimmten Fall für unser Entscheiden und Verhalten *bedeutet*. Über diese drei Formen des Wissens verfügt der wissende Nichtwisser. Sie begründen

seine moralische und – auf längere Sicht – auch seine faktische Überlegenheit gegenüber dem nichtwissenden Nichtwisser: Wer weiß, *daß* wir nicht wissen, und *was* wir nicht wissen, und wer weiß, welche *Konsequenzen* dies für das Zutuende hat, ist an Handlungskompetenz stets demjenigen überlegen, der unbeirrt seine Wissens- und Gewißheits-Illusionen hätschelt.
Da wir in fast jeder konkreten Handlungssituation bloß über einen Bruchteil des Wissens verfügen, das wir haben könnten und für einen verläßlichen Ausgriff auf die Zukunft auch haben müßten, ist Handlungskompetenz vorwiegend »Inkompetenzkompetenz« im beschriebenen Sinne. Zwar ist der Handelnde stets gewissenlos; doch kann er fast immer einiges zur Linderung allfälliger Gewissensbisse tun.

Behutsamkeit als Leitprinzip

Vom ökologischen Standpunkt aus gesehen ist der »Fortschritt« in eine »geglückte Zukunft« nie das Ergebnis eines rationalen Entwurfs oder einer planvollen Konstruktion. Das Wissen, das wir als Menschen von der Wirklichkeit haben *können*, bleibt stets weit hinter jenem Wissen zurück, das wir haben *müßten*, um die Zukunft planend und konstruierend »in den Griff« zu bekommen. Die »Konstruktion der Katastrophe« ist damit viel wahrscheinlicher als die »Konstruktion des Fortschritts« (Müller- Reißmann). Der gesellschaftliche »Gesamtfortschritt« läßt sich nicht im direkten Zugriff, konstruktiv, durch Entwurf und Plan veranlassen und verwirklichen. Wir können ihn allenfalls umwegig fördern – indem wir die Rahmenbedingungen für eine nichtkatastrophische Entwicklung günstig gestalten.
Die Evolution, die sich Zeit läßt und sich im Wege von Versuch und Irrtum höchst gemächlich vorantastet, könnte hier Vorbild sein. Behutsamkeit, Gemächlichkeit und

Bernd Guggenberger, Das Alphabet der Zweige

Vielfalt könnten als Leitprinzipien fungieren. Eine möglichst große Zahl verschiedener kleiner Schritte ist dem einzigen großen »Sprung nach vorn« eindeutig vorzuziehen, weil sie das ganz große Risiko vermeidet, vor allem aber, weil sie den unmenschlichen Zwang von uns nimmt, uns nicht irren zu dürfen. »Ökologische Humanität« zielt auf eine Gesellschaft, die dem Menschen ausdrücklich gestattet, was er ohnehin nicht vermeiden kann: Fehler zu machen, sich zu irren; und darüber hinaus: Irrtümer so rechtzeitig zu bemerken, daß es noch möglich ist, sie zu korrigieren. Irren-dürfen ist eine Grundvoraussetzung für Humanität. Jede Gesellschaft, die nicht offen ist für ein Nebeneinander verschiedener Lebensentwürfe, ist eine inhumane Gesellschaft.

Utopie des Rückzugs

Nehmen wir dieses Kriterium für eine humane Gesellschaft wirklich ernst, so ist durch Tschernobyl eine bedenkliche Situation entstanden: Diese zivile Nuklearkatastrophe hat uns darüber belehrt, daß ein vom »offiziellen« abweichender Lebensentwurf von Minderheiten keine Chance mehr hat. Der Traum vom »anderen Leben«, von der ökologischen Nischenexistenz, von der Robinsonidylle am Rande der industriegesellschaftlichen Zivilisation ist ausgeträumt! Über Nacht war das am meisten Künstliche plötzlich das (noch) am wenigsten Gefährliche: Instantpulver, Büchsen- und Tiefkühlkost haben dem selbstgezogenen Radieschen und dem Frühstücksei des Freilandhuhns von heute auf morgen wieder den Rang abgelaufen. Tschernobyl hat uns alle zwangsweise dem industriegesellschaftlichen Gefährdungskollektiv eingegliedert. Das allgemeine Gefährdungsschicksal in Gestalt der radioaktiven Wolke, dem keiner entgeht, läßt die individuelle Verantwortung für das Einzelschicksal leerlaufen. Nach Tschernobyl wäre der individuelle Entschluß zu einer Existenz ohne Anbindung an die Nachrichten- und Kommunikationssysteme oder zu einer Existenz des strikten Technikverzichts, des Verzichts auf Geigerzähler und Gammaspektrometer zum Beispiel, geradezu selbstmörderisch. Auch wer sich in den Wald zurückzieht, auf Autarkie bedacht, allein seinen Sinnen vertrauend, braucht mindestens den Transistor, um zu wissen, ob Salat und Pilze, Beeren und Wildbret ohne Gesundheitsrisiken genießbar sind. Verläßt er sich nur auf seine Sinne: Auge, Nase, Mund und Hand – so ist er verlassen! Autarkie, Rückzug, Privatheit – das sind hoffnungslos utopische Träumereien von gestern und vorgestern. Wer sich aber der Wirklichkeit, in der er lebt, nicht mehr autonom vergewissern kann, weil er nicht mehr »Herr seiner Sinne« ist, verliert auch die letzte Chance, wenigstens für sich allein einen abweichenden Lebensentwurf zu realisieren.

Umkehr muß möglich bleiben

Praktisch ergeben sich aus der Respektierung eines »Menschenrechts auf Irrtum« zunächst vor allem *Unterlassungshandlungen*: Es verbieten sich vor allem im Bereich der Großtechnik alle »flächendeckenden« Maßnahmen, die nicht eine zeitlich hinreichend bemessene »Versuchs- und Irrtumsphase« durchlaufen haben oder diese aus sachlichen Gründen nicht durchlaufen können. Bei allem, was wir tun, muß der *Erfahrungserwerb* in der Anwendung eines bestimmten Wissens oder einer bestimmten Technologie möglich sein. *Imitative* Lernvorgänge müssen im Zweifel Vorrang vor *instruktiven* Lernvorgängen haben. Der sachlich, räumlich und zeitlich *diversifizierten* Lösung gebührt in der Regel der Vorzug vor der einheitlichen zentralisierten und gleich-

zeitigen Lösung. Irrtümer müssen möglich sein, ohne daß der Schaden unumkehrbar groß ist. *Reversibilität* und *Korrigierbarkeit* müssen in angemessenen Zeitfristen möglich sein. In der Pädagogik, in den Systemen von Bildung und Ausbildung sollten Strukturen und Verfahren etabliert werden, welche sich bewußt die Produktivität des Irrtums zunutze machen.
Wie tief verwurzelt diese heimliche Wertschätzung des Irrtums, genauer vielleicht: des Irrtumsweges, ist, können wir am Strickmuster unzähliger Dramen, Anekdoten, (Liebes-)Geschichten, Romane und Filme ablesen. Stets ist, was erzählt wird, die Geschichte von Irrtümern und Wirrungen zur – um so schöneren – Klarheit und Gewißheit.
Auch in der Erkenntnis ist uns der Uno-actu-Ausgriff auf die Wahrheit versagt. Vorlieben, Neigungen, Präferenzen und Einsichten verdichten sich in endlos variierten Anläufen von Versuch, Irrtum und erneutem Versuch. Der Gang zur Wahrheit ist kein punktgenaues Kommandounternehmen; zur immer deutlicheren, immer bewußteren Wahrheit muß man sich hindurcharbeiten durch das, was nicht Wahrheit ist, was sie zudeckt, verhindert und stört. Man muß freilegen, prüfen, ausmustern und verwerfen.

Was wir Urteilsfähigkeit nennen, ist nichts anderes als das Verfügen über ein relativ stabiles Set komplexitätsreduzierender allgemeiner Selektionsmuster; was wir Urteilsfähigkeit nennen, ist, näher und genauer gesehen, meist *Vor*-Urteilsfähigkeit, Fähigkeit zu wissen, was nicht gilt, was wir *nicht* wollen, *nicht* können und *nicht* dürfen. Da sie ungleich schwieriger zu erreichen ist, verfügen wir entsprechend seltener über die mit Gründen gewappnete Gewißheit, was wir positiv wollen, was getan werden muß, was richtig, erwünscht, gut und nützlich ist. Dies gilt für die individuelle wie für die kollektive Dimension unseres Handelns. In der Regel

fällt es uns leichter anzugeben, was wir *nicht* wollen. Kurz, der Weg zur Wahrheit – wer hätte es nicht erfahren – ist mit Irrtümern gepflastert.
Die Vorurteile sind die »bedingten Reflexe« unserer Irrtumsfähigkeit. Sie verschaffen uns die lebensermöglichende Entlastung vom stets erneuten Zwang zur Entscheidung. Obgleich wir in diesem Sinne allesamt von unseren Vorurteilen »leben«, genießen sie keinen guten Ruf. Dies darf uns nicht wundern. Bündelt das Vorurteil doch eine Art von Defensiv-Erfahrung – das ganze Spektrum präventiven Nicht-Wissens –, welches der offensiven Logik technischer Rationalität widerstrebt. Es ermächtigt mehr zum Bewahren als zum Bewirken, mehr zum Verwerfen als zum Veranlassen.
Ein Großteil der wissenschaftlichen Forschung, zumal in den »sensiblen« Fortschrittsfeldern, ist zweckgebundene Forschung, also Forschung, die letztlich unter dem Bann des Irrtums- und Umwegverbots steht. Ein jüngeres Beispiel eines am Erkenntnisimperativ strenger Zweckvorgaben ausgerichteten Großforschungsprogramms war die SDI-Forschung in den 80er Jahren. Selbstverständlich ist gegen zweckorientierte Forschung nichts einzuwenden. »Relevanz« ist eine ganz unverzichtbare Quelle wissenschaftlicher Fragestellungen. Ob es indes dem gesellschaftlichen Wissens- und Erkenntnisprozeß im Ganzen bekömmlich ist, wenn wir unseren Wissensdurst exklusiv aus dieser Quelle stillen, ist mehr als fraglich. Wer weiß, was wir alles nicht wüßten, nicht könnten und nicht hätten, wären unsere forschenden Vorfahren allein nach den Kümmerregeln der »Relevanz« vorgegangen.

Wider den aktuellen »Relevanz«-Druck

Was immer man der Wissenschaft vorwirft – alle stimmen darin überein, sie solle »relevante« Fragestellungen behandeln, damit sie »nützliche« Ergebnisse produziere. In dieser Forderung steckt die durch nichts bewiesene Behauptung, wir wüßten heute, was morgen »relevant« sei. Die Gefahr ist groß, daß wir gerade im Fahrwasser der »Relevanz« die Fehleinschätzungen, Versäumnisse und Erkenntnisschwächen des Tages weitertragen. Vielleicht trifft eher das Gegenteil zu: am nützlichsten ist das »Unnütze«, ist ein Wissen, dessen künftig möglichen Nutzen jetzt noch gar keiner kennt, über das wir aber bei Bedarf verfügen können. In einer Situation der Unsicherheit und des allgemeinen »Zukunftsgewißheitsschwundes« (H. Lübbe) ist die beste Option diejenige, welche sich die Prävention des Nicht-Wissens zunutze macht: Da wir nicht wissen, wissen wir auch nicht, was wir am dringendsten brauchen werden; eben deshalb sammeln wir Wissen und Reflexion »auf Vorrat«. Die ohne akuten Relevanzdruck erworbenen Erkenntnisse haben obendrein den Vorzug größtmöglicher Unabhängigkeit. Sie stehen gewiß am wenigstens im Verdacht, am Gängelband kurzatmiger (Verwertungs-)Interessen zu hängen.

Die Philosophie des nützlichen Irrtums ist keine philosophische Himmelsleiter, sondern einfach ein Stück profaner Unheilvermeidungsphilosophie. In Zeiten der Ungewißheit sorgt man am besten vor durch Beweglichkeit: Man ist am besten vorbereitet, wenn man auf alles vorbereitet ist. Die »neue Unübersichtlichkeit« (J. Habermas) erfordert als angemessene Reaktion die »neue Beweglichkeit« der Protagonisten. Robert Musils »Mann ohne Eigenschaften« oder Woody Allens »Zelig« verkörpern die Sozialtugenden der Stunde: Sie verharren zwischen den Fronten und Professionen, angespannt, auf alles vorbereitet, mit der saisonalen Theorieausstattung wohlversehen gehen sie jargonvirtuos alle Gangarten mit, vermeiden aber aufs Sorgfältigste jede definitive Festlegung: Abwarten und in Bewegung blei-

ben! Solange wir nur wissen, daß wir nicht wissen, was das weniger Giftige ist – Tee oder Kaffee, Wasser aus der Leitung oder aus der Flasche, Bier oder Wein, Cola oder O-Saft – solange gilt aus Gründen schadensbegrenzender Risikominimierung nur eins: alles trinken, bloß sich um Himmels willen nicht festlegen! Produkttreue und Prinzipienfestigkeit gehörten zur alten Welt der unverrückbaren Gewißheiten.
Nur ein Bruchteil unserer wissenschaftlich-technischen Hervorbringungen erfüllt noch die Kriterien »autonomer« Innovation, der übergroße »Rest« ist Folgenmilderungstechnologie. Von der Vollendung des »technischen Kosmos« sind wir weit entfernt; viel eher sind wir dabei, die Welt zum gigantischen Reparaturbetrieb zu verengen und zu vereinseitigen. Nicht daß wir reparieren, ist das Problem, sondern daß wir mehr »reparieren« als »erfinden«. Längst zeugen die technologischen Reparaturzwänge sich lernpathologisch fort: Wir reparieren an der Reparatur der Reparatur der Reparatur..., und können doch den Irrtum selbst nicht mehr korrigieren.

Grenzen der Auftragsforschung

Es soll gar nicht bestritten werden, daß Forschungs- und Entwicklungsprogramme mit auftragsförmiger Problemvorgabe ungemein erfolgreich waren. Allein - was besagt ein solches Urteil, wenn es sich nicht auch auf die Qualität der »Vorgabe« bezieht? Auftragsforschung mag erfolgreich sein, neue *Denkwege* eröffnet sie nicht, weil sie nicht »anstößig« ist und daher auch keinen Anstoß liefert. Vorgegebene Aufgaben zu lösen, ist eine Sache. Aus der unendlichen Fülle des Möglichen die langfristig bedeutsamen Aufgabenstellungen zu wählen, eine ganz andere. Der Impuls, der Anstoß, das Neue – all dies ist seiner Natur nach nicht planbar. Es ereignet sich, wenn es sich ereignet, ungerufen und ungeplant. Wirklicher Fortschritt in den Sozial- und Geisteswissenschaften wird nicht die Antworten gewisser, sondern die Fragen schwieriger machen. Kreative Fragen, welche die etablierten Denk- und Fragemuster durchbrechen, lassen sich nicht in Auftrag geben. Man kann ihr Auftauchen allenfalls »umwegig« fördern, indem man die Rahmenbedingungen für Kreativität günstig gestaltet. Es ist ein Unterschied ums Ganze, ob wir uns an eine Aufgabenstellung Schritt für Schritt herantasten, indem wir zunächst ausgrenzen, was wir nicht wollen, und damit das Gesuchte erst allmählich einkreisen und identifizieren, oder ob das »Ziel« von Anfang an »gewußt« und als Sollwert eindeutig vorgegeben ist. Der universale Zweckapriorismus, dem eine unter dem Druck von Folgenmilderungszwängen stehende Zivilisation sich ausliefert, verändert die erkenntnistheoretische Situation von Grund auf: Was wir erforschen und entwickeln, entspringt weder unserer Neugier noch unseren Sehnsüchten, weder dem Zufall noch einer spontanen Eingebung.

Versuchs- und Irrtumslernen

Überlebensfähig ist eine Gesellschaft, die Abweichung nicht nur zähneknirschend duldet, sondern sie systematisch ermutigt und zielstrebig fördert in dem Bewußtsein, damit in eine Zukunft mit ungewissen Anforderungen zu investieren. Das Kapital einer wirklich »reichen« Gesellschaft sind die utopischen und phantastischen Überschußkapazitäten, die sie über das Niveau des jeweiligen historischen Lebensbewältigungssolls hinaus »erwirtschaftet«. Die Potentiale der Abweichung und der Kritik, des Rückzugs und des Ausbruchs, des Scheiterns und des Irrens verkörpern das Mutationspotential einer Gesellschaft. Wie die angestoßene Billardkugel nur die Bewegung der Hand verlängert, vermögen

auch die Impulse, die sich allein den Zweckvorgaben durch die Technostruktur verdanken, die Gesellschaft nicht grundlegend zu verändern.
Das technologische Apriori, in welchem sich der »Amtsbonus« des Wirklichen gegen das Mögliche Geltung verschafft, unterbindet alle ungeplant folgenreichen Denk- und Erkenntniszwischenfälle, die nur die Lebenserfahrung und die individuelle Biographie stiften könnten, sofern man sie wirksam werden ließe.
Spielerisch gruppiert der Mensch die verfestigte Hierarchie der relevanten Tatsachen neu und anders. Der holländische Historiker Huizinga hat in seinem »Homo ludens« eindrucksvoll gezeigt, wie sehr die kulturelle Gesamtentwicklung des Menschen im Spiel wurzelt. Das Spiel weit mehr als die Arbeit ist das »formative Element« in der menschlichen Kultur. Im Ritual und Spiel, in der Musik und im Tanz, in Sprache und Mythos, also in seinen künstlerisch-symbolischen Äußerungsformen wird der Mensch zum Menschen.
»Kein einzelnes Merkmal, nicht einmal die Werkzeugherstellung, genügt, um den Menschen zu identifizieren. Spezifisch und einzigartig ist die Fähigkeit des Menschen, eine große Vielfalt tierischer Eigenschaften zu einer neuen kulturellen Gegebenheit zu vereinen: zur menschlichen Persönlichkeit« (L. Mumford). Diese kulturelle »Basiserrungenschaft«, der alles weitere sich verdankt – von der Demokratie bis zum Dynamo, vom Gilgamesch-Epos bis zur Gegensprechanlage – ist heute bedroht. Wie der Vogel die Luft und der Fisch das Wasser, so braucht die menschliche Persönlichkeit, um sich zu erhalten und zu erweitern, das Medium, dem sie entstammt: das Spiel von Versuch und Irrtum.

Werkzeug und Geist

Die Geschichte der Technik hat eine lange nicht-technische Vorgeschichte, in welcher Kräfte und Mächte des menschlichen Geistes sich formieren und der Mensch das aus sich selbst macht, was ihn befähigt, etwas aus seiner Umwelt zu machen.

Bevor er Felder und Felsen bearbeiten konnte, mußte er erst sich selbst »bearbeiten«; bevor er daran gehen konnte, seine Werkzeuge und technischen Gerätschaften zu vervollkommen, mußte er erst sich selbst organisch, geistig und kulturell vervollkommnen. Die lange Periode, während der sich der menschliche Geist formiert, bildet die »Inkubationszeit« für alle kulturellen Folgeentwicklungen, auch für die Technik. Lange vor dem technischen »Durchbruch«, der sich für uns in den frühen Werkzeugfunden dokumentiert, hatte sich in Prozessen ungeheurer geistiger Aktivität ein Potential aufgebaut, welches bis heute die unverzichtbare »infrastrukturelle Vorleistung« an Geist und Kreativität auch für die entwickeltsten Formen technologischer Weltgestaltung darstellt. Wir bedürfen dringend einer erweiterten Interpretation unserer Geschichte und Vorgeschichte im Sinne der Einbeziehung auch der ungeformten, unorganisierten Äußerungen des Geistigen. Wer in der Interpretation menschlicher Selbsterzeugnisse das Sichtbare für das Ganze nimmt, verfehlt nicht nur das Ganze, er mißversteht auch, was er sieht. Die Entwicklung des Geistes ist nicht einfach ein Reflex der Entwicklung des Werkzeugs. Werkzeuge sind immer geronnener Geist. Das Werkzeug folgt dem Geist, nicht der Geist dem Werkzeug. Der Mensch ist nicht, was er tut, er tut, was er denkt.

Doch kann die Technik selbst die Absage an den geistigen Menschen überleben? Wie sieht eine Technik aus, der das geistige Fundament wegschrumpft, der die subjektiven Impulse und der Fingerzeig der Phantasie abhanden kommen?

Bezeugt das, was uns gegenwärtig an der technischen Entwicklung so sehr erschreckt und beunruhigt, nicht bereits den Ungeist der geistlosen Zeit: den schrittweisen Umbau der Welt zur nuklearzeitlichen Überlebenskatakombe?

Mythos Maschine

Den sichtbaren Gefahren und Naturschäden entsprechen die weniger leicht sichtbaren psychischen und sozialen Schäden beim Menschen selbst. Die Natur- und Umweltkrisen sind nur der sichtbare Ausdruck einer Krise der sozialen Gemeinschaft und des menschlichen (Selbst-)Bewußtseins. Unser gestörtes Denken und Fühlen hat die Zerstörungen in der Umwelt und die groteske Gefahren- und Risikenballung in unseren technischen Strukturen hervorgebracht.
Was durch den Geist entstanden ist, kann auch durch ihn vernichtet werden auch durch sein allmähliches Versiegen. Eine Epoche, welche das Werkzeug (in seiner erweiterten Form als Technostruktur) in die Leerstelle der menschlichen Persönlichkeit einrücken läßt, schneidet sich von den Quellen ihrer eigenen Kreativität ab.

Kapituliert der Artefaktor vor der Unduldsamkeit seiner Artefakte? Erleben wir in den Zwängen und Nötigungen der fehler- und irrtumsfeindlichen Großtechnik die pseudonyme Wiederkehr des Fatums? Unsere Chance liegt darin zu erkennen, daß die Maschine nur ein »Mythos« (L. Mumford) ist, ein sterblicher Gott, der nur von Gnaden des erkennenden menschlichen Geistes existiert – jedenfalls solange wir nicht zulassen, daß er selbst sich an die Stelle dieses Geistes setzt.

Dieter Schnebel
Zeitfragen

I.

Es gibt ca. 5 oder 6 Milliarden Menschen. Wie viele davon kennen die Musik Ravi-Shankar's oder Cagès oder Nonòs oder Bach's?

Werden 1,2 Milliarden Chinesen auch noch unentwegt Beethoven hören?

Das Weltall soll ca. 15 Milliarden Jahre alt sein. Vor ca. 600.000 Jahren erschienen die ersten Urmenschen (= ca. 1/25.000 der bisherigen Weltzeit). Seit ca. 5.000 Jahren gibt es Kultur (= 1/3.000.000) und seit 1.500 oder 1.000 Jahren europäische Musik. Wie lange noch?

Die Saurier sind nach 30.000 Jahren plötzlich weg- und ausgestorben.

Wieviele Menschen haben schon leidenschaftlich gerne Wagner gehört? Wieviele werden noch Wagner hören?

Die eine glückliche Sekunde, die man nie vergißt, die langen Jahre langer Weile, an die man nie denkt.

Stockhausen erzählte stolz, daß in Osaka bei der Weltausstellung 1 Million Menschen seine Musik gehört haben (jeweils wie lange, mit welchem Interesse?). Wie viele Milliarden haben noch nie Stockhausen gehört?

Bei der Uraufführung der Winterreise waren wohl 50 Leute zugegen – vielleicht auch nur 20.

La Monte Young, Composition 1960, Nr. 15: »Dieses Stück sind kleine Wirbel draußen, mitten im Ozean.«

Auch wenn 100 Millionen ein TV-Konzert sehen-hören – bei jedem landet es in seinen Ohren, geht ihm in den Kopf und löst da etwas aus, ja was?

7.634 Menschen schalteten 22:00 Uhr eine Sendung mit neuer Musik ein. Jeder sitzt/liegt vor seinem Radio. Welche verbindende Gemeinsamkeit ereignet sich in diesem gleichzeitigen Hören – zwischen diesen vielen Punkten da, da, dort, dort und dort?

Hören und sehen vergehen – eine Drohung? oder Poesie?

II.

Ein erster Satz Beethoven: im Auto vom mittleren Kudamm bis Möckernbrücke; ein Haydn-Finale: Anfang Potsdamer Straße bis Kleistpark (kleiner Stau); ein Akt Wagner: Autobahn München bis Nürnberg. Wie weit fährt man für das dritte Cellostück von Webern?

Wie weit würde man für die genannten Musikstücke gehen oder laufen?

Musik er-fahren, er-gehen. Wie geht es der Musik dabei?

Wie fährt oder läuft sie?

III.

Uhren mit Sekundenanzeigern, wie man sie hauptsächlich in U-, Bus-, S- und überhaupt in Bahnstationen sieht. Bei manchen Uhren gehen die Zeiger weich, gleichsam in kleinen Bögen zur nächsten Sekunde, bei anderen springen sie hart und ruckartig. Die weiche Zeitanzeige wird langsamer empfunden als die harte, und die Sekunden erscheinen länger. Hat die Zeit, die zart und leise vergeht, mehr Zeit, mehr Weile als die staccato-Zeit, die sie in kurze Einheiten zerhackt?

Bei einigen Uhren halten die Sekundenzeiger aus irgendwelchen Gründen kurz vor 0 einen Augenblick – vielleicht nur 1/10 Sekunde länger als der gewöhnliche Sekundentakt –, und doch wirkt es, als ob die Zeit plötzlich stehen bliebe – ein kleiner Schockmoment.

Herzarhythmien – das kann lustig sein: »Mein Herz geht in Sprüngen« heißt es in einem alten Kirchenlied; oder panische Angst bereiten.
Beim Sterben meiner Schwiegermutter – sie war an ein Gerät angeschlossen, auf dessen Bildschirm man die Pulskurven sah, gab es kurz vor dem Herzstillstand ein starkes accelerando.

Ob es in Liebe den Gleichklang der Herzen gibt? Oder wäre das der Tod?

Die musikalische Gleichzeitigkeit, zum Beispiel mehrerer Stimmen in Akkorden ist absolut künstlich (kommt sonst nur bei Maschinen vor). Ist Übereinstimmung – Über-ein-stimmung Utopie?

IV.

Die Katze, die – hungrig oder aus Langeweile? – alle 3, 2, 7 Minuten aufkreuzt, anklagend miaut und wieder verschwindet. Endlich zu Fressen bekommt und es in einer Minute hinunterschlingt. Dann einige Minuten wildes Gerase kreuz und quer durch die Wohnung. Schließlich das Aufsuchen eines weichen, warmen Platzes, eine zeitlang sich lecken – und ein stundenlanger Schlaf. Tempo rubato, allegro, comodo, adagio – Mangelzeit, Freudenzeit, behagliche, satte (gefüllte!) Zeit. Ob alle diese Zeiträume für die Katze gleich lang sind? – eine wohl ziemlich unkätzische Frage.

Zeitmangel – an welcher Zeit mangelt es? Und was für ein Mangel ist das?

»Nach und nach erlöschen im Alter die Leidenschaften und die Begierden mit der Empfänglichkeit für ihre Gegenstände; die Affekte finden keine Anregung mehr: denn die vorstellende Kraft wird immer schwächer, ihre Bilder matter, die Eindrücke haften nicht mehr, gehn spurlos vorüber, die Tage rollen immer schneller...« (Schopenhauer)

Die Zeit, die wie im Schlaf vergeht – was ist das?

Entschlafene. Die 5.000 Millionen, die gerade leben, die zig, zig Millionen (70, 100?), die Jahr für Jahr sterben und zerfallen. Wie viele Milliarden sind seit Anbeginn der Menschheit Staub geworden? Wenn alle Menschen, die je schon gelebt hatten – wenn alle Toten plötzlich auferstünden...

V.

Ein Tagewerk Land
oder ein Morgen

Drei Wegstunden nach...
sieben Tagesreisen

Vier Minuten zu Fuß

Zwei Auto- oder Flugstunden

Feiertage, Ferien

Schul – Analysestunden

Frei – zeit

Wochen – enden

Orient – Abendland

VI.

Aufstehen etwa um 7. In die Küche gehen, Tee bereiten. Ihn aufgießen – Blicke auf die Uhr. Einige ziellose Gänge – noch morgendlich depressives Benommensein. Wieder Blick auf die Uhr: schon 4 Minuten sind vorüber.

8:10 am Schreibtisch. Ruhiges konzentriertes Arbeiten. Acht, neun Skizzenzeilen stehen auf dem Papier: 2 – 3 Minuten Musik. Ein zufälliger Blick auf die Uhr – erst 8:40.

Später gegen 11:00 leichte Nervosität – 11:30 muß ich zur Arbeit an die Hochschule. Zwei Zeilen waren noch zu entwerfen. Plötzlich ist es 11:25.

Ein Kollege und guter Freund kommt nie zu spät. Er ist immer »schon da«. Er sagt, er ginge stets fünf Minuten früher weg – geschenkte Zeit.

Zu Beginn von Schönbergs Zweitem Streichquartett steht: »Etwas langsamer anfangen«.

VII.

In der musikalischen Schrift ist das Zeichen des Innehaltens ein dicker Punkt mit einem Halbkreis drumherum: eine aufgehende Sonne, ein aufstrahlendes Licht? Altertümlich heißt das Zeichen Corona – Krone. Was strahlt, wenn die Bewegung der Musik innehält? Der Abglanz der Stille? In der aus dem Italienischen herrührenden Fachsprache heißt das Zeichen bekanntlich Fermate – Halt. Im Italienischen selbst bedeutet Fermata zugleich Haltestelle – für Busse, Trambahnen, wo denn auch meist Leute warten. Wer wartet in/an den Fermaten der Musik? Wonach und worauf warten sie, wenn der Zug der Musik für einen kleinen oder großen Moment innehält, stille steht. Und was erwartet die Wartenden?

Wenn wir weilen – irgendwo, irgendwann – sind wir untätig, haben nichts zu tun, oder wollen nichts tun. Was ist Weile: Spannungslose Zeit, die gewissermaßen besinnlich dahingeht. Vielleicht wird uns dabei die Zeit lang, zieht sich, und es überkommt uns Langeweile. Oder die Weile zerspringt in kleine Stücke, verspritzt gleichsam und wird recht unterhaltsam. So fühlen wir

Kurzweil. Ist Langeweile überdehnte Weile und Kurzweil zusammengestauchte? Die große Zeit einer erfüllten kurzen Weile, die Kleine einer großen Langeweile; oder die wahre lange Weile, die hinübergeht in Meditation, wo dann keine Zeit mehr lang wird – oder kurz.

VIII.

Bei toten Aufführungen – wenn wir Schallplatten oder Bänder auflegen – erklingt jedesmal exakt das Gleiche (glücklicherweise ist es beim Hören nicht so, weil unsere psychische Disposition sich verändert hat, oder weil wir vielleicht Ohrenweh haben, oder weil inzwischen schlicht die Weltgeschichte weitergegangen ist). Im wirklichen Leben gibt es das nicht, daß zweimal das Gleiche erklingt: bei einer Live-Aufführung erscheint selbst die bloße Wiederholung der Exposition anders. Warum wollen wir immer wieder das Gleiche hören? Suchen wir das Tote, nicht mehr Veränderliche? Oder ist es einfach Angst?

IX.

Eins der ältesten Heiligtümer in Japan ist der Ise-Schrein. Er besteht seit dem 5. Jahrhundert und befindet sich auf einer abgelegenen Halbinsel inmitten eines großen Waldgebietes. Jeder Japaner pilgert in seinem Leben zu diesem Schrein. Wieviele Millionen sind in den 15 Jahrhunderten schon dort gewesen? Gegenwärtig hat Japan ca. 120 Millionen Einwohner.

Das Heiligtum hat 65 Gebäude aus Holz und strohgedeckt, und es ist von einem hölzernen Palisadenzaun umgeben. Es darf nur von Priestern und von Kaisern betreten werden. Außerhalb des Zauns gibt es einen Umgang für die Pilger, von dem aus man wenigstens die Dächer sieht. Seit 673 werden die Gebäude des Schreins alle zwanzig Jahre abgerissen und genau so wie vordem wieder aufgebaut. 1973 fand die 60. Erneuerung statt. Alles soll unverändert, ewig erscheinen, und doch nie alt. Was ist ewig in der Zeit und was immerwährend neu? Und warum wird es dringend gewünscht?

Im biblischen Buch der Psalmen heißt es: »Des Menschen Leben währet siebzig Jahre und wenn's hoch kommt achtzig und wenn es köstlich gewesen ist, so ist es Mühe und Arbeit gewesen.« Und mehrfach steht in der Schrift: »Er starb alt und lebenssatt« – genug vom Leben verzehrt, genug davon genossen.
Was ist genug?
Auch eine musikalische Frage.

X.

Wenn man zur Welt kommt, ist es der erste Geburtstag. Wenn man seinen 40., 50., 60., 70., feiert, ist es jeweils der 41., 51., 61., 71., Geburtstag und man hat 40, 50, 60, 70 Jahre hinter sich. Man feiert Zurückliegendes – das Erledigte; nicht Zukunft und Anfänge – das Mögliche. Wenn ich 60 »werde«, bin ich's bereits geworden und fange mit diesem Tag das siebente Lebensjahrzehnt an.
Nicht auch ein Grund zum Feiern?

Unsere Zeitrechnung beginnt mit 0 und 00 spielt eine große Rolle: 11:00 startet eine neue Stunde, 1100, 1500, 1900 ein neues Jahrzehnt. Da blicken wir nach vorn. Die letzten Jahre, Stunden, Minuten, Sekunden vor 0 (00, 000) sind immer ein Countdown, voller Spannung – und machen Angst.

Als Klaus Schultz und ich einmal über die ständigen Geburtstage im Kulturbetrieb sprachen – die 100., 150., 300. Geburts- und Todestage, die 50.,70., 90. Geburtstage, die offenbar Geld bringen – sagte er: »Wir leben unter der Herrschaft des Dezimalsystems:« Primzahlen sind viel schöner 1 2 3 5 7 11 13 17 19 – oder die Fibonacci-Reihe: 1 2 3 5 8 13 21 – und näher am Leben. Heute ist X 37 geworden und Y 71 und morgen kehrt zum 53. Mal der Todestag von A wieder. Ist da nicht auch Geheimnis?

Die Faszination von 1000?
Es gibt sie schon in der Bibel und da hat die Tausend mit der Endzeit zu tun und mit der Erwartung einer neuen Ära. Kurz vor 1000 stiegen die Menschen auf die Berge, um auf das Ende der Tage und die Ankunft des Christus zu harren – oder auch nur, um prophezeite Katastrophen besser zu überstehen.
Aber nach neuen Forschungen kam Jesus schon 7 Jahre vor Christi Geburt auf die Welt.

XI.

Die Voyager-Sonde brauchte mit ihrer unvorstellbar hohen Geschwindigkeit bei allerdings erheblichen Umwegen (krumme Touren) zum 1 Milliarde km entfernten Neptun 12 Jahre. Nun hat sie das Sonnensystem verlassen und rast hinaus ins unermeßliche Weltall.
Nach hunderten von Jahren wird sie womöglich den Sirius erreichen. Wird sie dort von Karlheinz Stockhausen erwartet?

XII.

In Zeitnot sein: die Not bereitet nicht die Zeit, sondern der äußere oder innere Zwang eines Zeitplans, dem man unterworfen ist, und dem man sich wegen innerer oder äußerer Widerstände nicht mehr zu fügen vermag, und dann geraten wir unter »Zeitdruck« – als ob Zeit eine Presse wäre.
Wer oder was bereitet uns die Zeitnot und erzeugt den Zeitdruck? Was drückt da?

»Langsam, Wozzeck langsam! Eins nach dem Anderen! Er macht mich ganz schwindlich... Was soll ich nur mit den zehn Minuten anfangen, die er heute zu früh fertig wird?«
(Anfang einer Oper)

XIII.

In den fünfziger Jahren als man die wirklich neue Musik nur in Nachtsendungen mitbekam, hörte ich einmal kurz vor Mitternacht vom WDR II die Ursendung von Stockhausens »Zeitmaßen«. Ich war schon sehr müde und hatte mich gezwungen aufzubleiben und hörte das Stück in jenem seltsamen Zwischenzustand zwischen Wachen und Schlafen, hatte auch das Gefühl zeitweise »weg zu sein«. Als das Stück geendet hatte, und ich wieder zu mir kam, war mir das Stück als Ganzes und in vielen Details völlig präsent, wie ein anschaubarer, funkelnder Gegenstand, und die Dauer erschien mir ganz kurz: die 15 Minuten waren im Fluge vorübergegangen. Was ist – im Nu?

Freund Martin erzählte, seine Mutter habe immer wieder das Mendelssohnsche Violinkonzert gespielt, und er habe schließlich – auch vom Hören der Platte – jeden Ton gekannt. Dann übte er sich, im Gedächtnis das Stück gleichsam zu komprimieren: es rasch an sich vorüberziehen zu lassen, wie im Zeitraffer ohne daß etwas verloren ginge. Er schaffte immer kürzere Zeiten, gab aber dann auf, weil er fürchtete, verrückt zu werden.

Zeit in der Erinnerung: Erlebtes, das dereinst Stunden, Tage, ja Jahre währte – womöglich quälend lange oder zu kurze glückliche – nun gegenwärtig in einem Moment.

Webern: Bagatellen für Streichquartett, die Stücke für Violoncello und Klavier, die Sechs Stücke für großes Orchester.

XIV.

Ich habe jetzt Zeit; in einigen Stunden habe ich keine Zeit mehr. Gestern hatte ich Zeit verloren. Was ist das für Zeit, die man hat oder nicht, die man gewinnt oder verliert? Geht es um ein Spiel – oder um Kapitalismus? Kann man überhaupt Zeit haben/nicht haben, gewinnen, verlieren, wie wenn sie etwas wäre, das man fangen und besitzen kann? Aber Zeit ist flüchtig – und un-faßbar.
Was ist an der Zeit?

Du liebste Zeit!

Bernd Guggenberger, Das Alphabet der Zweige

XV.

Bei uns im »Abendland« – sind wir so spät dran? – geht die Sonne im Osten auf – darum gibt es auch den Orient dort drüben – und sie wandert dann nach Süden, geht schließlich im Westen unter. Die von ihrer Bahn gezeichnete Zeit verläuft also von links nach rechts (auf der Bühne wäre der Morgen links). In Südamerika, im südlichen Afrika und in Australien geht die Sonne andersrum – Ost-Nord-West – also von rechts nach links. Die »Orientierung« ist also genau umgekehrt. Beinhaltet das nicht auch ein ganz anderes Lebensgefühl, wenn da »unten« der Morgen, der Anfang, das neue von rechts kommt?

XVI.

Zeit totschlagen – natürlich ein Versuch, der nie gelingt, denn das Tier, das man da mit der Klatsche zu treffen sucht, entwischt immer, und sei's im letzten Moment. Wenn es aber einmal doch gelänge?

Es gibt auch tote Zeit.

XVII.

Es hat alles seine Zeit, und alles Tun unter dem Himmel hat seine Stunde.
Geboren werden hat seine Zeit.
Sterben hat seine Zeit.
Pflanzen hat seine Zeit,
Töten und Heilen,
Einreißen und Bauen.

Weinen hat seine Zeit,
und Lachen hat seine Zeit,
Klagen und Tanzen,
Steine wegwerfen und Steine sammeln,
Umarmen und Getrenntsein,
Suchen und Verlieren,
Behalten und Wegwerfen,
Zerreißen und Nähen.
Schweigen hat seine Zeit,
und Reden hat seine Zeit,
Lieben und Hassen,
Streit und Frieden.

Prediger op. 3

XVIII.

Der richtige oder der falsche Moment. In der Musik ist es einfach: der Spieler kommt zu früh, zu spät – oder gar nicht.

Aber z.B. Unlust: es ist schon Lust, aber eine die noch nicht recht da ist; die herauswill, aber abgebremst wird; oder halb kommt und wieder verschwindet; oder die mag und nicht zugleich. Etwas herbstlich, graues, fröstelndes…

Unzeit ist wohl so ähnlich. Nicht einfach der falsche Moment, eher liegt sie davor: es könnte schon noch gut gehn, aber es läuft daneben, verkehrt, pervers (ein wenig wie der Un-Sinn), und sie hat einen Stich – schmeckt angesäuert bitterlich. Wann, werum rutscht uns zuweilen die Zeit aus, und verkommt? Oder ist es doch ein Unstern?

XIX.

Wenn ein Musikstück zu Ende ist – z.B. der erste Satz eines Streichquartetts –, ertönt das große Geräusper, Husten, Sitzrücken. Man atmet auf und durch, streckt sich, gähnt, verändert die Position: eine Zeit, in der man sich gehen lassen darf; wo die musikalische Kunstzeit, die stark in Anspruch nahm, außer Kraft gesetzt ist – eine Zeit, die nicht zählt.

Beim Beginn des nächsten Satzes kommt die zählende Zeit wieder, in der ja auch tatsächlich gezählt wird – genauer: ein wie immer gearteter Puls das Zeitmaß bildet. Solche strukturierte Zeit hat sammelnde Kraft, konzentriert. Im Unterschied zur Pause zwischen den »Sätzen«, da die Zeit sich vertikalisierte – gleichsam abtauchte, wohnt der horizontalen des musikalischen Ablaufs ein Sog inne, der hineinzieht in eine Moment für Moment neu entstehende Gegenwart, gewissermaßen eine präsentester Präsenz – und ins kommende. Musik, und auch Theater, sind per se zukunftsgerichtet, also utopisch.

XX.

Verlorene Zeit

Sinnlos oder falsch verbrachte – vertane Zeit; eine Spanne unseres Lebens, die einfach so wegglitschte. Aber so sehen wir's immer erst hinterher, im Rückblick – und wertend.

Zeit geht immer verloren; schon diese Stunde, Minute,

Sekunde, die gerade vorüber ist, ist weg, kommt nicht mehr zurück.

Es hat auch seinen Reiz: dasitzen, dösen, Zeit einfach verstreichen lassen – diese Leere, die etwas wohliges hat.

Was ging verloren in der verlorenen Zeit? Eine Chance, die man nicht wiederholen kann? Unwiederbringlich dahin? Es ist, wie wenn jemand wegstirbt.

In der Musik geht es anders. Da gibt es die Reprise, die Wiederaufnahme eines schon da Gewesenen und seine erneute Vergegenwärtigung. Das Überwältigende darin ist das Glück der wiederkehrenden Zeit, die Gelegenheit, die sich abermals bietet – überlistete Vergängnis, Zuhausesein, Heimat.

Manchmal wird auch das Leben Musik – etwa bei der Rückkunft eines verlorenen Sohnes.

XXI.

Wiederholung

der Versuch das Vergängnis aufzuhalten, die Gerade der fliehenden Zeit zum Kreis zu zwingen. Das hat stehts etwas verzweifeltes: Ohnmacht der Tautologie – welche freilich einen hohen ästhetischen Reiz hat, einerseits in der Melancholie des Verschwimmens, andererseits in der Kraft des Lapidaren.

Nun aber ist gerade die Wiederholung ein wesentliches Mittel der Zeitstrukturierung.

Was wiederkehrt, bildet gleichsam eine Klammer, und in den verschiedenenorts aufleuchtenden Motiven erscheint Zusammenhang. Er wird von der Erinnerung hergestellt, die Vergangenes wieder holt, es zurückruft in die Gegenwart, und die als Ahnung auch Erwartungen weckt: auf in der Zukunft Wiederkehrendes. Im Gedächtnis aber ist die einlinige Zeit vollends außer Kraft gesetzt – nein: waltet eine andere Zeit, wo nicht mehr bloß eins aufs andere folgt, sondern wo Vergangenheit Gegenwart und Zukunft und selbst noch Plusquamperfekt und Präterium nebeneinander, über- und ineinanderlaufen – eine reiche Polyphonie bilden. Ist das Gedächtnis, das je in der Musik eine entscheidenden Rolle spielt, selbst schon Musik?

XXII.

Zeitvertreib

das ist eigentlich lustig: heiter sein, entspannt, unbeschwert, ja schwerelos, wie außerhalb von Raum und Zeit. Tatsächlich vergißt man in den Spielen des Zeitvertreibes die Zeit; genauer: man ist so in ihr drin, daß man sie nicht spürt, ja man ist selbst Zeit, nämlich seine eigene (was auch von Meditation gelten mag.)

Seltsamerweise erscheint im Zeitvertreib die Zeit doch als etwas, dem man nicht ausgesetzt sein will, und das man deshalb vertreiben muß. Was ist da so feindlich, so bedrängend, daß wir es mehr oder weniger heftig und zuweilen sogar leichten Sinns abwehren? Ist es Vergängnis, die ja mit dem Tode endet? Vergehende Zeit als Metapher des Sterbens?

Wo man sich die Zeit vertreibt, ist der Tode vergessen.

Tilman Moser

Die Person des Politikers
Psychoanalytische Bemerkungen

Seit ich den ehrenvollen Auftrag zu den Marienberger Klausur-Überlegungen erhielt, hat sich meine innere Haltung bei der Zeitungslektüre und dem Nachdenken über Politik, aber auch über meinen Beruf verändert. Schon dafür möchte ich den Veranstaltern danken. Die unmittelbarste Folge war eine doppelte: eine Faszination vor der Vielfalt der ethischen Probleme in der Politik, und ein Gefühl von provozierender und schmerzlicher Ohnmacht angesichts der Schwierigkeiten der Durchsetzung ethischer Normen sowohl angesichts der Macht wie angesichts der enormen politischen Veränderungen.

Obwohl Ihnen dies alles vertraut sein dürfte, möchte ich ein kleines Panorama ethischer Konflikte vorstellen, die mich, auf ganz verschiedenen Ebenen und Zonen der Politik, berührt haben. Sie ließen sich durchaus noch subsumieren unter die große Frage der neutestamentlichen Ethik, die Christus stellte: »Wer ist dein Nächster?« Das muß nicht bedeuten, daß nur Fragen der persönlichen Ethik gemeint sind, auf der rein zwischenmenschlichen Ebene. Auch Nationen, Parteien oder Blöcken kann sich die Fragen stellen: »Wer ist dein Nächster?« Schon da kann man sich in schwierige definitorische Fragen verstricken, und doch bildet sich unter Ethikern allmählich ein Konsens, der mit dem Ausdruck »Weltinnenpolitik« am besten umrissen ist. Hans Küng spricht vom »Projekt Weltethik«, Hans Jonas vom durchgehenden »Prinzip Verantwortung«, andere von globaler Verantwortung. Durch die Überfülle von Information über Konflikte, Unrecht oder Bedrohung, die uns täglich zu überwältigen droht, spüren wir die Allgegenwart ethischer Probleme weltweit; den hohen Anteil von Gewaltlösungen, die gesucht werden, aber auch die Geltung oder Nichtgeltung unterschiedlichster und widersprüchlichster Normen.

Am schwersten ist es auszuhalten, daß ganz Völker oder Gruppen sich wieder oder noch immer so verhalten, wie wir es aus dem dreißigjährigen Krieg kennen, oder aus den gigantischen Verbrechen und Kriegsverbrechen, die nur wenige Jahrzehnte hinter uns liegen. Wer die Vorgänge im zerfallenden Jugoslawien ohne Verzweiflung und Ohnmachtsgefühle erleben kann, braucht eine undurchdringliche Panzerung. In einem Überblick über die politisch-moralische Diskussion des Krieges im ehemaligen Jugoslawien in amerikanischen und britischen Zeitschriften schreibt Jörg von Uthmann in der FAZ vom 22.8.92: »Wenn es noch eines Beweises bedurft hätte, daß Politik und Moral, menschliches Mitgefühl und nationale Interessen höchst verschiedene Dinge sind, dann liefert ihn die Reaktion der Völkergemeinschaft auf den Bürgerkrieg in Bosnien.«

Das subjektive Moment

Damit Sie aber nicht denken, ich urteile vom sicheren Ufer eines von ethischen Konflikten freien bürgerlichen Berufes, möchte ich einige ethische Konflikte des Psychotherapeuten erwähnen, um aufzuzeigen, daß auch der Analytiker, vermutlich wie jeder Mensch in seinem Beruf, permanent in der Spannung zwischen Ethik und Sachzwang steht. Ich beginne mit einem einfachen Beispiel: dem der Warteliste.

Der Bezug zu einer Warteliste von notleidenden Gruppen oder Nationen auf Unterstützung durch die reicheren ist ohne weiteres herzustellen: die meisten Therapeuten lieben es, wenn sie wissen, mit welchem Patienten sie im Falle eines frei werdenden Behandlungsplatzes weiterarbeiten. Also vertrösten sie entweder neue Patienten auf spätere Nachfragen, oder sie setzen sie auf eine Warteliste und nennen einen ungefähren Termin, ohne Garantie selbstverständlich, für einen Beginn der Arbeit. Diese Wartezeit kann segensreich, sie kann aber auch eine Qual sein. Nun kommt es immer wieder vor, daß erneut Patienten anrufen, auch solche, die dem Therapeuten menschlich oder diagnostisch lohnender, aber manchmal auch zahlungskräftiger (etwa als Privatpatienten) erscheinen. Er schiebt einen oder zwei dazwischen, vertröstet einen oder mehrere wartende. So kommt es leicht vor, daß Wartezeiten bis zu mehreren Jahren entstehen, und es gibt Fälle, wo der Therapeut noch nach einigen Jahren einfach sagt: er könne die Behandlung nicht beginnen. Es ist kein Vertrag zustandegekommen, es handelte sich um mündliche Zusagen. Was eine solche Absage anrichtet, ist oft schwer zu ermessen, sie kann aber katastophal sein.

Es gibt auch subtilere Konflikte. Manche Patienten sind oft nörgelig, mißtrauisch, entwertend, ja verächtlich. Der große englische Psychoanalytiker Donald W. Winnicott hat es als eine der wichtigsten Eigenschaften des Psychotherapeuten bezeichnet, daß er in seiner Berufsrolle bei Angriffen, die der Störung des Patienten entsprechen, nicht zurückschlägt, daß er sich nicht rächt, nicht ironisch wird, die Abhängigkeit nicht ausnutzt, um sich psychohygienische Entlastung auf Kosten des Patienten zu erlauben. Bindung und Idealisierung machen den Patienten weitgehend wehrlos, er ist in der Lage eines Kindes, der den Unmut »schlukken« muß, weil er den Therapeuten braucht. Auch hier ist die Übertragung auf ethische Probleme im Umgang mit einer abhängigen Klientel in der Politik leicht. Alle ethischen Konflikte massiver Abhängigkeit, von Macht, subtilem Machtmißbrauch, von Demütigung und unmerklicher oder offener, demütigender Zurückweisung, sind virulent. All dies vollzieht sich in der Therapie noch zwischen zwei Personen. Aber was ist, wenn ein Therapeut erfährt, daß ein Kollege Patienten sexuell mißbraucht? Wenn er überzeugt ist, daß eine Kassenvorschrift oder eine tradierte technische Regel seines Berufsverbandes eher schadet als nützt? Zeigt er den Kollegen an? Stellt er sich auf die Seite der Patienten? Kritisiert er öffentlich eine dogmatisch verhärtete Position, die Leiden verursachen kann? Er gerät leicht in Loyalitätsprobleme, riskiert die Diagnose Nestbeschmutzer. Folgt er nur seinem Gewissen, kann er als Querulant gelten, mit Neigung zum Märtyrertum. Die Fähigkeit, Angst und Konflikt auszuhalten, entscheidet auch hier über seine Fähigkeit, Ethik und Sachzwänge auf persönliche Weise abzuwägen. Oft genug ist dieses Verhältnis durch geltende Normen abgesichert. Er könnte sich also beruhigen mit dem Üblichen, Gängigen, offiziell Akzeptierten. Er könnte vor allem, mit Hilfe der sogenannten negativen Diagnostik, den Konflikt durch seine Macht der Definition so lösen, daß er die Schuld dem Patienten zuschiebt, der Schwere seiner Störung, oder seinen destruktiven Absichten. Die Parallele zur Politik ist evident: die Einbindung des einzelnen Politikers in die Parteiloyalität, den Fraktionszwang, die Entwicklung einer Partei-, Nationen- oder Blockethik mit dem Opfer der individuellen Moral.

Ein neues ethisches Problem entsteht, wenn er spürt,

daß er eigentlich einen erfahrenen Kollegen konsultieren müßte, aber er möchte den Gesichtsverlust nicht riskieren, als der ihm ein Einblick in eine verfahrene Behandlung erscheint.

Es läßt sich noch subtiler fassen: in vielen Behandlungsstunden stellen sich Fragen des Taktes, der Tonart, der Entscheidung zwischen einem herben oder einem ermutigenden Klima. Für einen Politiker mag es eine politische oder auch psychische Notwendigkeit sein, einen Gegner oder Konkurrenten schlecht zu machen, anzuzweifeln, anzugreifen, auszumanövrieren. Das ist im Rahmen des Macherhalts oder Machtgewinns innerhalb gewisser Spielregeln legitim. Aber die Nähe zum Mord erleben wir jeden Tag. Ja, der Kampf mag den Politiker sogar energetisieren und vitalisieren, und hier sind wir schon wieder bei der Ethik der Psychohygiene. Obwohl der Umgang mit Aggression bei beiden Berufen vielleicht diametral entgegengesetzt ist, gibt es doch analoge ethische Probleme. Im amerikanischen Wahlkampf stand diese Frage zeitweise im Zentrum der Diskussion: soll der Gegner wegen eines Seitensprungs moralisch an den Pranger gestellt werden, um ihn zu erledigen? Allgemeiner und gleichzeitig spezieller gesprochen: wieviel schmutzige Wäsche darf gewaschen werden, als moralischer Mord, wenn die programmatischen Seiten kaum noch darzustellen sind?
Dies führt zu einem zentralen Problem einer Ethik der Demokratie auf dem Feld der Durchschaubarkeit: ein Teil der Politikverdrossenheit kommt nicht zuletzt daher, daß es nicht nur sehr schwer ist, Politik zu verstehen, sondern daß den Politikern, teilweise zu recht, vorgeworfen wird, sie breiteten einen Schleier von Formeln und Klischees über die Wirklichkeit, und benutzten eine Sprache, die in der Kritik inzwischen als eine Fassade aus Plastik bezeichnet wird.

Ohnmacht, Selbstdarstellung der Elite und die Technik der Pose

Ich möchte die gewagte Parallele zwischen Psychotherapie und Politik noch ein wenig vertiefen, wobei ich als Analogie einmal die Formel benutze: beide bedeuten *Umgang mit Menschen in Angst*. Darauf läßt sich Politik natürlich nicht reduzieren, und doch läßt sich sagen, daß die Politik, von Umwelt über Asylanten, Wohnung, Einkommen, bis zur Weltpolitik, auch mit dem Umgang mit Angst zu tun hat. Einer der entscheidenden Fortschritte in der Psychoanalyse komplizierter Störungen ist schlicht dadurch zustandegekommen, daß der Therapeut aus seiner etwa von Sigmund Freud noch verordneten Neutralität und Undurchschaubarkeit herausgetreten ist. Er hat die Fassade des wissenden Fachmannes verlassen und bringt die Gefühle, die der Patient in ihm auslöst, in die Behandlungstechnik ein. Das war für viele ein mühsamer Lernprozeß, weil die Pose der Kompetenz wie der Angstfreiheit als eine Art Schutzanzug wirkte, an dem vieles abprallte.

Zur Fragen der Ethik in der Politik gehört meiner Meinung nach in Zukunft der Mut auch der Politiker, den Schleier der Kompetenz in Form beruhigender Formeln und dem ständigen Lächeln der Angstfreiheit zu lüften. Es geschieht von außen bereits durch die Medien. Im Augenblick scheint der Prozeß noch polarisiert zu verlaufen: die Medien überschlagen sich in der Entlarvung der Politiker als Gattung, während die Politiker sich einmauern, um wenigstens die Pose zu retten. Die Polarität von Pose und allgemeiner Verachtung ist hoffentlich eine Durchgangsphase. So wie die Patienten die Aura des Psychofachmannes zunächst dringend zu brauchen scheinen, so können sich die Politiker darauf berufen, daß von ihnen die Ausstrahlung von Kom-

petenz und Führungssicherheit sowie der sichere Besitz eines Formelschatzes gefordert werde. Aber das Heilsame, weil Wahre, wäre die Aufrichtigkeit!
Als eines der großen ethischen Probleme in der Politik betrachte ich deshalb den Verzicht auf das institutionalisierte *falsche Selbst*. Das falsche Selbst ist ein zentraler Begriff der Psychotherapie geworden. Da das Phänomen universell ist, hat es längst Formulierungen in der Soziologie gefunden, zum Beispiel in der Rollentheorie als Gegensatz von Rollenspiel und personaler Identität. In der Psychoanalyse ist gemeint, daß ein Kind nicht die Chance hat, seine eigene Individualität zu finden und authentisch zu werden, sondern fremde Fragmente zusammensetzt zu einer künstlichen Identität, die oft falsch oder aufgesetzt wirkt.

Ähnliche Zwänge scheinen in der Politik zu bestehen. Das Fernsehen und seine enorme Möglichkeit der Inszenierung bei gleichzeitiger Selbstentblößung und die Demaskierungspolitik der Medien führen zwangsläufig zu einer Veränderung der Wahrnehmung: die Erwartung oder der vermutete Zwang zum Image bei der die Vorführung von Kompetenz als behauptetes Wissen um Lösungen und Moral als Richtschnur wird immer mehr zur öffentlichen Lüge. Eine Lösung zur Veränderung wird schwierig. In seinem Buch 'Die Chance des Gewissens' hat der Psychoanalytiker Horst Eberhard Richter über seine Erfahrungen im Umgang mit Politikern berichtet. Er hat in der Zeit der Nachrüstung anfangs der achziger Jahre versucht, Politiker zum öffentlichen Eingeständnis ihrer Angst zu ermutigen. Der Versuch ist damals noch fehlgeschlagen, weil andere es damals noch leicht hatten z.B. Franz Joseph Strauß, Bundeskanzler Helmut Schmidt im Deutschen Bundestag als Feigling dastehen zu lassen. Es scheint, als habe sich da aber etwas verändert: der neue deutsche Außenminister Klaus Kinkel hat wiederholt, und

zum Befremden seiner Beamten, von seiner Ohnmacht wie seiner Wut über die Vorgänge in Jugoslawien gesprochen, und es ist ihm nicht mehr öffentlich verübelt worden.
Aufrichtigkeit erlaubt Identifizierung und Mitdenken, während die Pose das kritische Potential des Betrachters ausschließt und ihn zum reinen Publikum reduziert. Die Pose kann dabei durchaus gigantische Ausmaße annehmen. So ist es zum Beispiel nicht abwegig, auch den Golfkrieg einmal unter diesem Aspekt zu sehen: mit einem abenteuerlichen Aufwand an Moral und Informationssteuerung war es weitgehend gelungen, den Krieg als Kreuzzug für eine neue moralische Weltordnung zu inszenieren. In Amerika herrschte während einiger Monaten nach dem Krieg noch das Gefühl, es gebe so etwas wie moralische Führung in der Welt auf höchster Ebene, bis die Rassenunruhen in Kalifornien wieder auf den Zustand der Gesamtgesellschaft aufmerksam machten.
Die Verlockung zur Pose wurde besonders anschaulich auch bei der mit niemandem abgesprochenen Blitzreise des französischen Präsidenten nach Sarajewo während der Belagerung. Sie ist inzwischen als Episode fast vergessen, aber sie zeigt das Ausmaß der Verlockung, mit der Figur des furchtlosen Helden eine fast mythologisch zu nennende Sehnsucht nach Bewährung beim Publikum und bei sich selbst zu befriedigen mit dem Ziel, komplexe Probleme auf persönliche Moral, Haltung oder Pose zu reduzieren.

Der Umgang mit Macht und Ohnmacht

Deshalb halte ich es für legitim und notwendig, in einer Ethik der Politik nicht nur danach zu fragen, wie Politiker (und dies gilt für uns alle in unseren Berufen) die Macht handhaben, sondern wie wir mit der Ohn-

macht umgehen. Die Ausübung von Macht ist immer wieder als ein Aphrodisiakum beschrieben worden. Trotzdem scheint es, als sei die Ausübung von Macht inzwischen doch eher eine schwer erträgliche Mischung von Macht und Ohnmacht, die aber zugunsten der Illusion wie der Selbstdarstellung nicht öffentlich, vielleicht auch nicht privat, wahrgenommen wird. Hans Magnus Enzensberger, ein scharfzüngiger Beobachter der Politik, hat dies in einem Aufsatz mit dem bemerkenswerten Titel 'Erbarmen mit den Politikern' pointiert festgehalten. Er schreibt: »Vielleicht ist es an der Zeit, von der Politikerbeschimpfung Abschied zu nehmen. Längst hat sie sich von ihrem Ursprungsort, der oppositionellen Rede, losgelöst und ist zum Topos der maulenden Mehrheit geworden. Seitdem zirkuliert sie, als Zeitvertreib, in allen Medien. Wie immer, wenn es nichts mehr zu enthüllen gibt, wird die Enthüllung zur industriellen Routine.«
Und dann faßt er das gegenwärtige Bild vom Politiker zusammen: »Nicht nur in Deutschland sagt man ihr (der politischen Klasse, T.M.), in verschiedener Dosierung, aber deprimierender Einmütigkeit, nach: Herrschaft des Mittelmaßes, Versagen der Urteilskraft, kurzfristiges Denken, konzeptionelle Ignoranz, Machtversessenheit, Gier, Versorgungsmentalität, Korruption, Arroganz.«
Hier ist von Ohnmacht, Angst und ethischen Problemen noch gar nicht die Rede. Und trotzdem muß es eine Verbindung geben von diesen Urteilen, die ja Rückwirkungen auf das Selbstgefühl, die Arbeitsfähigkeit wie die Rekrutierung haben müssen, zu Problemen der Ethik. Dabei sei einmal unterstellt, daß im Idealfall Politik ein gestaltendes Handeln nach ethischen Maßstäben und dieses in seinen Antriebskräften wie in seinen Wirkungen öffentlich sichtbar sein sollte.
Wie läßt es sich mit solchen Wertungen leben, und welche Rolle spielt dabei die Ethik?

Die Desillusionierung der Bevölkerung über Kompetenz und Ethik in der Politik ist eines der großen Themen der jüngsten Zeit. Das »Polit-Barometer« im 2. Deutschen Fernsehen, das monatlich den bekanntesten Politikern über Umfragen Noten zwischen plus fünf und minus fünf verteilt, stellte im Juli 1992 erstmals fest, daß führende Politiker keine »positiven« Bewertungen mehr vorweisen konnten. Die Abhängigkeit der Politiker von Umfragen, vor allem aber von den Medien, die die Bewertung und die Selbstdarstellung der Politiker zwischen den Wahlen quasi monopolisiert haben, schlägt um in eine fast generelle ironische, oft auch zynische Darstellung von Politik als inszeniertem Zirkus (Gipfelzirkus, Europazirkus, Korruptionszirkus, Selbstbedienungsladen, Schaubühne der Hilflosigkeit, Deklarationstheater, permanentes Vorwahlspektakel, usw.).

Politik als Beruf und die seelischen Folgen

Die Lebensbedingungen der Politiker treten ins Bewußtsein, sozusagen ihre Fähigkeit, *normal* zu bleiben. Zugespitzt schreibt Enzensberger: »Es ist deshalb an der Zeit, vom Elend der Politiker zu sprechen, statt sie zu beschimpfen. Dieses Elend ist existenzieller Natur. Um es mit einem gewissen Pathos auszudrücken: der Eintritt in die Politik ist der Abschied vom Leben, der Kuß des Todes.« Ich versuche dies noch einmal mit dem Verlust des Authentischen zusammenzubringen, der mit dem Zwang zur Pose und zur vorgespielten Kompetenz wie zur vorgespielten Ethik zusammenhängt. Jeder Beruf hat spezifische Bedingungen und Methoden zur Lösung seiner häufig wenigstens selbstgewählten Probleme.

Es macht den Reiz wie den Schrecken der Politik aus, daß sich in ihr in stetem Fluß die kompliziertesten Probleme der Gesellschaft anhäufen, aber ohne sichere

Kategorien der Orientierung, ohne sicheren ethischen Leitlinien, ohne sichere Kompetenzen und einem Klima des rivalisierenden bis mörderischen Kampfes. Wo es um Macht, Einfluß, Vorteile und Geld geht, sind die ethischen Normen immer bedroht. Ich kann sie hier zunächst nur negativ definieren: Verzicht auf Gewalt, Lüge, Korruption, Erpressung oder auch hohe Sozialschädlichkeit. Zum Umgang mit Macht gehört fast zwangsläufig die Verhüllung, die Ideologisierung wie die Lüge, am besten die Verhüllung durch Moral. Denn der Konsens, die Fassade, daß Ethik eine bestimmende Rolle spiele, soll erhalten bleiben. Die Ideale werden eisern hochgehalten, auch wenn die institutionalisierte Distanz zwischen Ideal und Wirklichkeit direkt in den Zynismus führt.
Aber wo hat die Ethik ihren Ort, im Subjekt wie in der Gesellschaft?

Ich komme noch einmal auf die Wahrhaftigkeit im Subjekt zurück, die durch Inszenierung und Pose als Zwang zum falschen Selbst ständig bedroht ist. Indem ich die subjektive Fähigkeit zur Echtheit wie zum ethischen Handel betone, versuche ich immer die Verbindung zu halten zwischen den ethischen Problemen der Politiker wie denen der übrigen Individuen. Damit möchte ich einer Polarisierung entgegen arbeiten, in der sich ein Großteil der Bevölkerung derzeit gemütlich einrichtet: eben die projizierende Beschimpfung der Politiker. Deshalb zitiere ich noch einmal den Schriftsteller Enzensberger, der diesen Punkt des Verlustes an Authentizität besonders hervorhebt. Er geht aus von einer Isolierung des Politikers die er mit Inhaftierten in totalen Institutionen vergleicht, die ein überwachtes Sonderdasein am Rande der Gesellschaft führen: »Nicht nur entgeht dem Politiker vieles, er darf auch nichts äußern. Es ist ihm allenfalls im engsten Kreis erlaubt, mitzuteilen, was er denkt, wenn er denkt. Andererseits darf er auch nicht schweigen. Vielmehr verlangt man von ihm, daß er fortwährend redet. Das Nichtssagende dieser Reden ist unter solchen Umständen kein Mangel, sondern ein Vorzug. Selbst der Geübteste kann diesen Strom von Wörtern nicht aus eigener Kraft hervorbringen. Spezialisten sorgen dafür, daß er nicht versiegt.« Und wenig später: »Stoische Selbstverleugnung, zwanghaftes Grinsen und plumpe Anbiederung gehören zum selbstverständlichen Pensum eines Wahlkämpfers.«

Enzensberger treibt den Vergleich mit den Bewohnern von psychiatrischen Anstalten ins Extrem: »Ebenso wie der Insasse einer Anstalt wird der Politiker ständig überwacht. Dem Guckloch... des Zuchthauses entspricht in seinem Fall das Auge der Kamera, und an die Stelle des Aufsehers treten Journalisten und Staatsanwälte. Da auch der persönlich integre Politiker gezwungen ist, sich in den Grauzonen der Parteienfinanzierung, im Dickicht der Subventionen und der Waffenexporte und im Morast der Geheimdienste zu bewegen, ist die Angst seine ständige Begleiterin.« Und er diagnostiziert angesichts des öffentlichen Ansehens, der Ohnmacht und der Angst wie dem Bewußtsein der Kluft zwischen Realität und ethischer Proklamation von Moral und Kompetenz eine »Depression... in larvierter Form«. Diese werde, wie in der Manie, durch ihr ständig inszeniertes Gegenteil abgewehrt. Mit der Abwehr der Depression durch manischen Betrieb ist das System der Konferenzen, Tagungen, Auftritte, Verlautbarungen, Reisen, Entschließungen usw. gemeint, das Aktivität und Führung signalisiert, ohne unbedingt etwas zu bewegen. Das hektische Konferenzwesen um Jugoslawien ist dafür ein Musterbeispiel, das sich in vielen Gipfeltreffen, die im Grunde Presseereignisse sind, wiederholt. Die Inszenierung des Machertums gehört dazu, wie die Delegation der Reflexion an die Träger von Nachdenklichkeitsrollen: man denke etwa

an den früheren deutschen Bundespräsidenten Richard von Weizsäcker oder den früheren italienischen Staatspräsidenten Sandro Pertini.
Der ehemalige deutsche Bundespräsident Theodor Heuß brachte den Zwang zum Rollenspiel einmal auf die Formel, er sei der oberste Staatsschauspieler der Bundesrepublik. Das Phänomen des leeren Redens, der Uneigentlichkeit als Pathos der Proklamation, hat schon früh in Deutschland zu dem Begriff der *Sonntagsreden* geführt.
Das Spektakel des »Rollenspiels von Führungsverhalten«, das zu einer Ethik der Unauthentiziät führt, wird übrigens durch ein strukturelles Ungleichgewicht zwischen Politik und Administration dauernd genährt. Ein ganzer Zweig der Politikwissenschaft hat sich diesem Thema der Überforderung der politischen Klasse gewidmet: das Verhältnis von politisch nicht verantwortlicher Administration und verantwortlicher Politik läßt sich grob schätzen als eins zu zwanzig bis eins zu tausend. Sachverstand, Kontinuität, Kompetenz und eifersüchtiges Wahren von unsichtbarem Einfluß gehören auf die Seite der Verwaltung. Die Politiker bilden das ständig von Auswechselung bedrohte »Verantwortungspersonal«, das nach außen repräsentiert, die Verantwortung auch proklamiert und sucht, und die, je rascher der Wechsel, desto theatralischer, Kompetenz und Macht spielen muß. Diese Differenz zwischen öffentlichem Verantwortungsspiel mit dem Ämterkarussel und der stillen Routine der Verwaltung ist ja gerade in Italien besonders stark ausgeprägt. Dies und die damit verbundene Ohnmacht der Politiker führt vielleicht besonders stark dazu, eine Bereicherungsmentalität zu erzeugen und Machtspiele oder -kämpfe als das eigentliche Element der Politik anzusehen.
Möglicherweise ist es der Virus der Korruption, der das Verhältnis von Ethik und Politik am meisten bedroht, weil er unabsehbare Folgewirkungen auf die Glaubwürdigkeit überhaupt ausübt.

Theater, Unauthentizität und Macht

Dieses berührt übrigens eine ganze unbewußte Dimension des öffentlichen Getriebes, nämlich das Phänomen der Spaltung in den Persönlichkeiten. Die Abhängigkeit der Politiker von den Parteien erzwingt die Fähigkeit, sein privates Ich vom öffentlichen zu trennen. Dies ist eine Notwendigkeit, die, soweit sie kontrollierbar bleibt und von Regeln getragen ist, noch nicht schädlich ist. Durch die genauen Analysen des Rollenspiels am Fernsehens aber kommt es zu einer Schulung des Betrachters: er wird zu seinem eigenen Theaterkritiker, der, bewußt oder unbewußt, lesen lernt in den Gesichtern der Politiker. Und da diese das wissen, müssen sie wieder dem Zwang folgen, Authentizität immer perfekter zu spielen.

Große oder wichtige Reden, Wahlkampfauftritte oder das Werben um Zustimmung in zentralen Fragen werden also auch gewichtet nach der Fähigkeit mitzureißen, Stimmung für Programme oder Personen zu machen. Um noch einmal Enzensberger zu zitieren: »Die permanente Werbung für die eigene Person ist vielleicht die peinlichste Zumutung, der ein Mensch sich aussetzen kann.« Über die Moral, wie sie in den Institutionen eines Staates verkörpert ist, in den Verfassungen, dem Rechtssystem, der Organisation der öffentlichen Meinung, den Ritualen der Bekräftigung von Grundwerten, können Soziologen oder Historiker kompetenter urteilen. Meiner Erfahrung näher ist die Untersuchung der Verankerung von ethischem Handeln im Aufwachsen der Persönlichkeit, in Kindheit, Jugendgruppen, ideologischen Verbänden, beruflichen Usancen und Konflikten.

Ethisches Handeln und sittliche Autonomie werden gelernt, bekräftigt, belohnt, geschwächt oder wieder verlernt in der Familie. Die Kriminologie ist in den Jahren nach 1945 bei der Untersuchung von amerikanischen

Jugendbanden auf das Phänomen der Überich-Lücken gestoßen. Man kann sich das autonome Gewissen wie einen im Idealfall kohärenten Organismus vorstellen, der das Indivduum leitet. Der Organismus kann aber verstümmelt sein, so daß er in bestimmten Bereichen keine Botschaften mehr an das Individuum aussendet. Die Botschaften können aber auch subkulturell von anderen Normen geprägt sein: die Mafia kennt sehr strenge, wenn auch gegen die Moral der Gesellschaft gerichtete Normen. Dort, wo sie die gültigen Rechtsnormen unterlaufen will, gebraucht sie Heimlichkeit, Erpressung oder Gewalt, also Vorformen des Terrors, der auf die Erzeugung von Angst abzielt. In Diktaturen mit entmenschlichenden Feindbildern wird die Gültigkeit von Moral sozusagen von Staats wegen eingegrenzt.

Angst und Moral hängen zusammen. Wo die Selbststeuerung der Individuen massenhaft versagt, greift der Staat zur Repression, mit mehr oder weniger großem Erfolg. Die bürgerliche Gesellschaft hat den Erfolg der Erziehung lange daran gemessen, ob ein Individuum Autonomie und sittliche Reife erreicht. Die Entwicklung von Autonomie ist ein langer Prozeß. Sie braucht Förderung, Übung, Einübung in Konflikte, in Angsttoleranz, auch in die Fähigkeit zum Nein. Trotzdem bleibt – im Gegensatz zu David Riesmans »innengeleitetem« Menschen – ein Teil des Gewissens abhängig von Gruppen, Anerkennung, Erfolg, äußerlich gesetzten Normen, Angst, Außenlenkung. Das Wachstum der reflektierten und konfliktstarken Sittlichkeit ist also an Sozialisationsbedingungen geknüpft. Es gleicht einer Pflanze mit bestimmten Wachstumszeiten und Anforderungen an Klima und Versorgung. Wenn es nicht aus Dressur bestehen soll, braucht es Vorbilder und Verinnerlichung. Das Potential der sittlichen Autonomie ist nicht beliebig vermehrbar. Daraus leite ich die Grund-

these ab, daß unser ethisches Potential einer Art Mitgift gleicht, die wir pflegen müßen, und die, im Bereich der Politik, der Gefahr einer ständigen Korrumpierung ausgesetzt ist, obwohl sich jede Gesellschaft auch Gegenkräfte der Stützung wie der Festigung von Normen aufbaut.
Umbrüche wie sozialer Wandel erzeugen nun laufend Situationen, die Neuland bedeuten, und offene Situationen bedeuten Versuchung, Anomie, also Normenunsicherheit. Sie begünstigen Persönlichkeitstypen, besser, locken sie hervor, die den Bereich des Riskierbaren austesten. Subventionskriminalität wäre hierfür ein Beispiel. Die Bandbreite von rigider Moral bis zum vollkommenem Zynismus eines fast darwinistischen Kampfes um Macht und Geld in Rußland belegt die These vom Sog zur Anomie in Zeiten des Umbruchs in einem gigantischen Ausmaß.

Das erstaunlichste Phänomen für mich als in konkreter Politik unerfahrenen Zuschauer ist die Tatsache, wie so wenige Politiker *aussteigen*, weil sie in bestimmten ethischen Konflikten NEIN sagen. Es mag an der Geschlossenheit der politischen Klassen liegen, daß sie einem solchen Nein um jeden Preis Ansehen und Glaubwürdigkeit zu entziehen versuchen: glaubwürdige Neins wären eine zu große Herausforderung für den durchschnittlichen Betrieb des Mitmachens bei durchschnittlicher Wendigkeit. Die statistische Unwahrscheinlichkeit des Ausstiegs aus der Politik halte ich für ein großes Problem: sie verhindert eine moralische Selbstkorrektur. Hier würden aber nur Tiefeninterviews eine solide Aufklärung bringen. Man darf vermuten, daß es letztlich doch die Gratifikationen der permanenten Öffentlichkeit sind, sowie der Verlust an berufsbezogener Fachkompetenz, die den Zusammenhalt und die Geschlossenheit der politischen Klasse garantieren. Das Verschwinden ins Nichts, verbunden mit unfreundlichen

Kommentaren über moralische Arroganz, deren Richtschnur man »sehr spät« entdecke, machen den Ausstieg nicht verlockend. Wiederum war es Enzensberger, der das Dilemma in ein naturkundliches Bild faßt. Er schreibt nämlich, »daß die politische Karriere wie eine Reuse funktioniert. So leicht es ist, in sie einzutreten, so gering ist die Chance, ihr mit heiler Haut zu entkommen. Dem, der sich in ihr verfangen hat, muß es scheinen, als stünde ihm nur ein einziger Ausweg offen: der Weg nach oben.«

Es muß, neben den beruflichen Problemen, aber eine Angst geben vor dem moralisch motivierten Ausstieg: von der Isolierung habe ich schon gesprochen. Wichtig ist vielleicht noch, daß die ethischen Verstrickungen selten in Sprüngen und als schwellenartige Herausforderungen kommen, sondern sozusagen gleitend, als Rutschpartie auf der zunächst milde geneigten schiefen Ebene. Und in der postmodernen Gesellschaft ist außerdem moralisches Pathos mit Konsequenzen nicht gefragt. Das erstaunliche ist, daß der Selbstmord vermutlich die häufigere Form der Beendigung einer politischen Karriere ist – vom erzwungenen Rücktritt abgesehen – als der freiwillige Verzicht auf Amt und öffentliche Rolle unter dem wachsenden Druck ethischer Probleme.
Jemand der aussteigen will, bräuchte sozusagen einen moralischen Coach, der mit ihm die verlorene Authentizität und die Fragmente seiner ganz persönlichen Sittlichkeit wieder zusammen sucht, wenn sie zu stark bedroht werden. Bei seinesgleichen wird er keinen Rückhalt finden, er braucht Rückhalt von außen, von seiner Familie, einem Freund, Priester, Therapeuten, Berater. Es handelt sich ja in der Regel zunächst nicht um kriminelle Schurkerei, sondern um das berühmte Hineingleiten in das beginnende *Übliche*.
In der Bundesrepublik läßt sich das an vielen Berufs-

Bernd Guggenberger, Das Alphabet der Zweige

gruppen studieren, zuletzt bei den Ärzten, bei denen sich die Abrechnungsgewohnheiten gegenüber den Krankenkassen massenhaft verändert haben. So hat sich erst gar kein Unrechtsbewußtsein ausgebildet, wenn Unsummen von Medikamenten verschrieben werden, die nicht genommen werden oder die nicht wirken, oder diagnostische Manöver in unsinnigen Wiederholungen, die von zweifelhaftem Wert sind, oder wenn der umsatzorientierte Pakt mit der Pharmaindustrie mit der humanitären Solidarität zum armen Patienten gerechtfertigt wird.

Ich versuche mir, um nicht doch von außen über die Politiker als die ganz anderen zu sprechen, vorzustellen, unter welchen Bedingungen ich aus meinem Beruf unter dem Druck ethischer Konflikte aussteigen würde. Dabei stoße ich doch wieder auf den Charakter als eine Grundbastion jedes beruflichen und öffentlichen Engagements. Die Korrumpierung durch finanziellen Gewinn, wie sie im Bankenbereich bei der Geldwäsche oder bei den Anwälten durch kooperierende Verstrickung mit Kriminalität drohen mag, ist im Bereich der Psychotherapie weniger groß, obwohl es im Bereich der Ausbildung auch dort inzwischen Knebelungsverträge gibt mit dem Zwang zu hohen Vorauszahlungen. Die Korrumpierung liegt stärker im Sektor des Mißbrauchs von Abhängigkeit. Die Ethikkommissionen der Verbände berichten immer wieder, daß beim sexuellen Mißbrauch ertappte Kollegen ihr Tun ungeniert rechtfertigen und ohne wirksame Sanktionen mit ihrem destruktiven Handeln weitermachen.
Ohne Kontrolle und Strafen ist also auch hier nichts zu machen. Die Korrosion des Charakters scheint nicht von innen her behebbar zu sein. Aber immerhin: es gibt lautlose Abschiede vom Beruf. Vielleicht ist es in der Politik ähnlich. Die Geräuschlosigkeit wäre ein Zeichen dafür, daß jemand in aller Stille das ethisch be-

schädigte Selbst in Sicherheit bringt oder aus Angst vor Entdeckung seine Verstrickungen beendet.

Der Versuch der Fundamentalisierung und der neue Weltkatechismus

In einer Epoche der ethischen Unübersichtlichkeit nicht nur der Welt-, sondern auch der Gesellschaftspolitik und dem für viele beunruhigenden Gefühl eines allgemeinen *Werteverlustes* kommt es, als einer möglichen Lösung, zu einer fragmentarischen Fundamentalisierung der Ethik: es wird so getan, als herrschten in der Politik die moralischen Werte der Familie, und die persönliche Diffamierung wird zu einem Mittel der politischen Verwirrung.
Der frühere US-Präsident George Bush scheint die Frage so gelöst zu haben, daß er proklamierte, er sei zu fein, um seinen Gegner auf der Ebene des Seitensprungs anzugreifen, die Angriffe für seinen Stab aber zuließ, trotz der vollmundigen Versprechungen, solche Kämpfer mit niedrigeren Instinkten zu entlassen. So kam es auch, daß sich der Nominierungskonvent der Republikaner 1992 gebärdete wie ein Verein zur Rettung der Familie. Von der großen Armut und den Rassengegensätzen war kaum die Rede. Dafür wurde gekämpft um das Schulgebet, zu Abtreibung, Homosexualität, die Kriminalisierung von Aidskranken, um Sterbehilfe, medizinische Lebensverlängerung um jeden Preis, oder gegen in-vitro-Fertilisation und ähnliches. Moral soll wieder übersichtlich sein und sich als Bollwerk vertreten lassen, quasi abseits von den zu kompliziert gewordenen Weltproblemen.

Nach seiner ersten Wahl zum Präsidenten hatte ich Freunden gegenüber Bush als einen der bestausgebildeten Politiker verteidigt. Inzwischen glaube ich, daß durch ihn das Weltquantum an doppelter Moral – und infolgedessen an Zynismus – gewachsen ist. Ich wäre aber unaufrichtig, würde ich nicht betonen, daß ich auch den gegenwärtigen Papst im Sinne der globalen Ethik einer Chance des Überlebens für alle, die geboren werden, für schuldig halte. Der fundamentalistische Kampf gegen Geburtenkontrolle in den Ländern der dritten Welt führt zu Zynismus und Unwahrhaftigkeit, vor allem aber zur Stabilisierung von massenhaftem Elend mit schwindender Aussicht, es je zu beheben. Das Problem ist für mich ein Musterbeispiel für die unerträgliche Spannung zwischen proklamierten Idealen und dem Zustand der Welt.

Die Neubestimmung des Begriffs der Sünde im neuen Weltkatechismus ist angesichts der Vervielfachung der Möglichkeiten, unethisch zu handeln, lobenswert. Ich glaube nur, daß das Unternehmen einige Jahrzehnte zu spät kommt. Denn der heutige Zustand der Welt ist zur Hälfte herbeigeführt worden von regierenden Parteien, die sich christlich nennen. Der Begriff einer christlichen Politik ist verschlissen, falls er je zu mehr gedient hat als zur Legitimierung von Macht und der Rechtfertigung von moralischer Repression auf Gebieten, wo sie nichts zu suchen hatte. Daß jetzt *tangenti* und Subventionsbetrug die theologische Würde der Sünde erhalten, wo sie doch das Schmiermittel einer Gesellschaft sind, die von den Kirchen durchdrungen ist, wirkt grotesk. Als die Gesellschaft vor einigen Jahren in einzelnen Schichten vielleicht noch empfänglich war für moralische Belehrung mit der Chance zur Internalisierung in das Gewissen, sind viele Verhaltensweisen in den Bereich des *Üblichen* eingegangen. Wenn sie korrigiert werden sollen, bedarf es staatlicher Gesetzgebung und Gewalt. Man könnte überspitzt sogar sagen: der neue Katechismus kommt zu einem Zeitpunkt, wo sicher ist, daß er keine Wirkung mehr ha-

ben wird, außer für die Dummen, die ihr Geld nicht von grenzüberschreitenden Instituten verwalten lassen, die das Phänomen des Steuerbetrugs so lange umdefinieren, bis Wohltätigkeit daraus wird.
Die Kirche kommt wieder in Gefahr, durch Fundamentalismus die Gemüter ihrer unmündigen Schäfchen anzusprechen. Aber vielleicht wirkt die Diskussion wenigstens in einigen Handlungsfeldern wie Korruption, Umweltpolitik, Hunger, internationale Ausbeutung usw. bewußtseinsbildend. Wenn der Katechismus als Diskussionsangebot gemeint ist, mag er fruchtbar werden. Als Versuch, die Welt wieder moraltheologisch zu deuten und sich selbst wieder als Zentrum der ethischen Offenbarung zu sehen, halte ich ihn für historisch unsinnig. Zu sehr sind die eigenen ökonomischen und politischen Verstrickungen der Kirche im allgemeinen Bewußtsein. Zu präsent der gegenaufklärerische Kampf gegen alle Liberalisierungen des Strafrechts und der moralischen Repression, das Paktieren mit den Diktaturen und den reichen sozialen Schichten, die Unterdrükkung der Theologie der Befreiung, auch wenn sie nicht militant und marxistisch war.

Es gibt keine christliche Politik, und falls es sie gegeben hat, ist sie für immer diskreditiert. Das Unternehmen Weltkatechismus erscheint mir als ein Versuch der Kirche, Einfluß zurückzugewinnen auf Gebieten, auf denen sie nicht gerade Mündigkeit und Selbstverantwortung gefördert hat. 40 Jahre Nachkriegskapitalismus haben politische Sitten entstehen lassen, die so spät wieder in die Kategorie der Sünde zurückzuholen mir als die Hoffnung auf moralischen Fundamentalismus erscheint. Ich weiß nicht, ob die italienischen Politiker noch regelmäßig in den Kirchen um Absolution nachsuchen in Fragen der Parteienfinanzierung, oder die christlichen südamerikanischen Großgrundbesitzer, wenn sie die Landreform mit Privatarmeen bekämpfen, oder die Steueranwälte, wenn sie größere Scheinfirmen gründen, um Gewinne unauffindbar zu machen. Es dürfte in den Beichtstühlen zu hitzigen Debatten kommen. Vielleicht wird die Beichte überhaupt zu einer neuen Form des ethische Diskurses und tritt in den Dienst gesellschaftspolitischer Bewußtseinsbildung. Aber falls der Katechismus ein Beitrag zur weltweiten Verbreitung und Anerkennung der Menschenrecht bedeutete, mag er eine Chance haben.

Ich kehre, nach diesem Ausflug in den Bereich einer verspäteten Sündenlehre, noch einmal zurück zur Chance unseres klösterlichen Kolloquiums. Der Wert von Diskussionen über Ethik beginnt dort, wo wir offen über uns selbst sprechen können: über die schwierigen Schwellen im Leben, wo wir vor inneren Krisen oder Entscheidungen stehen, wo die Themen uns selbst berühren in unserem Alltagsleben. Vielleicht gelingt uns ein Stück gemeinsamer Selbsterforschung. Dann hätte uns ein Kloster das Geschenk der Besinnung gemacht für ein Stück Reifung. Denn ich glaube, daß Ethik mit lebenslänglicher Reifung zu tun hat, im stillen Kämmerlein oder im vertrauten Gespräch. Die beängstigenden Vorgänge in Deutschland, der zerstörerische Rechtsradikalismus und Rassismus eines Teil der Jugend, führen zwangläufig zur Frage, ob sie in ihrer Biographie Chancen zur Reifung hatten oder Chancen zur Nachreifung haben, zu denen eine berufliche Perspektive gehört. Dies führt zu Fragen von Politik und Erziehung, die ein eigenes Kolloquium verdienten. Es scheint, wir beginnen hier mit einem kleinen Stück Selbsterziehung.

György Dalos

Im Angesicht der Verantwortung Ost und West nach dem Zusammenbruch der Ideologien

Anhand meiner Biographie möchte ich bemerken, daß alles nicht nur zwei, sondern schon immer mehrere Seiten hat. So stimmt es, daß ich 19 Jahre lang kein Buch in Ungarn veröffentlichen konnte, aber inzwischen bin ich auch dankbar dafür, weil ich ein romantischer Kommunist und mit dem System in Konflikt geraten war. Der Grundkonflikt meiner Generation, die bereits in diesem System aufwuchs, bestand in der tiefen Kluft zwischen den Worten und den Taten des Systems. Aber ich war noch immer Kommunist, selbst dann als ich 1970 ins Gefängnis kam, und ich schrieb immer noch kommunistische Gedichte, welche nur deswegen verboten wurden, weil ich mich als Person gegen das System stellte. 1990, als es in Ungarn bereits eine Demokratie und das freie Wort gab, bat man mich um ein langes Interview, in welchem ich zum ersten Mal der ungarischen Zensur ein Danke aussprach, weil sie mein zweites Buch verboten hatte, das heute für mich höchst kompromittierend wäre.

Zu einer Diktatur gehört nicht nur eine starke Staatsmacht, sondern auch eine entsprechende Gesellschaft, eine Mentalität, die diese Diktatur hinnimmt und sogar versucht, sie für ihre eigenen Zwecke zu mißbrauchen. Dies war im Osten ein massenhaft verbreitetes Phänomen. Es gab nicht nur Opfer und Täter in diesen Ländern, sondern auch Nutznießer. Ohne Nutznießer kann keine Diktatur überleben. Es gibt keine Macht auf der Welt, die nur dem engsten Kreis der Machthaber zum Vorteil wäre. Das ist sehr wichtig, weil sehr oft eine Parallele zwischen dem Nationalsozialismus und Kommunismus gezogen wird. Diese Parallele ist teilweise zutreffend, teilweise aber nicht. Der Kommunismus hat 70 Jahre lang in der Sowjetunion geherrscht, mehr als 40 Jahre in Osteuropa, und hatte verschiedene Entwicklungsetappen, was beim Nationalsozialismus nicht der Fall war. Es hat z. B. eine Zeit gegeben, wo reiner Terror herrschte; dann gab es Zeiten, in denen das Systems etwas mehr Toleranz und auch Schwächen zeigte. An diesen Schwächen und an seinem Alter ist das System letztlich – beinahe biologisch – gescheitert.

Wenn wir die jüngere Geschichte nüchtern betrachten, so war der Zusammenbruch konkret eine Folge der Nachrüstung. Die USA haben der Sowjetunion eine Nachrüstung aufgezwungen, die diese aufgrund ihres ökonomisch-industriellen Hintergrundes überforderte. Außerdem war die veraltete Sowjet-Elite in einen Krieg, den Afghanistankrieg, verwickelt, den viele als den sowjetischen Vietnamkrieg bezeichnen und der sämtliche Schwächen des Systems schonungslos offenlegte. Es war höchst symbolisch, daß in der Sowjetunion das Durchschnittsalter im Politbüro gegen Ende hin bei über 70 Jahren lag. Das System ist ganz einfach langsam aus- und abgestorben. Das kann man vom Nationalsozialismus keinesfalls behaupten. Dieser mußte erst einen Weltkrieg provozieren, um daran unterzugehen – und freilich mit ihm die halbe Welt. Die Sowjetunion hatte als Staatsgebilde, im Gegensatz zum Nationalsozialismus, zudem über Jahrzehnte eine Art Glacis im Westen, also zahlreiche Völker und Länder beherrscht, die kulturell und traditionsmäßig sehr wenig mit Rußland zu tun hatten, die aber in sein Schema eingepreßt und dem sowjetisches Modell unterjocht worden waren. Die nationalen Eigenheiten wurden dabei völlig ignoriert, was dazu führen mußte, daß diese Länder am Rand der Sowjetunion teilweise zu einem potentiellen Sicherheitsrisiko heranwuchsen.

Nun ist diese Weltmacht zusammengebrochen, und nach dem Zusammenbruch dachte ich sehr oft an einen Briefwechsel zwischen Jean-Paul Sartre und Albert Camus aus dem Jahre 1952. Wie wir wissen, ist diese Freundschaft u.a. an ihrer Beurteilung des Sozialismus zerbrochen. Camus war in den frühen 50er Jahren ein engagierter Antikommunist, und Sartre versuchte, wie viele Linke damals, bestimmte Errungenschaften des Sozialismus in der Sowjetunion in Schutz zu nehmen. In dieser Debatte erwies sich Camus als derjenige, der gegenüber Sartre Recht behielt. Besonders die Enthüllungen der stalinistischen Verbrechen zeigten dies. Trotzdem hat Sartre, als kluger Mensch, der er war, in dieser Debatte einige sehr wichtige Gedanken vorgetragen. Beispielsweise die Überlegung, daß der eiserne Vorhang, also die technische Sperre zwischen Ost und West, als ein Spiegel zu begreifen wäre, in dem sich die beiden Systeme betrachten.
Die ganze Politik der östlichen Länder gegenüber dem Westen basierte auf einem ewigen Vergleich. Man versuchte, die Vorteile des Sozialismus aus den Nachteilen des Kapitalismus abzuleiten. Man sagte, im Westen herrsche Arbeitslosigkeit und Elend, die Marx'sche Verelendungstheorie wurde auf den Nachkriegswesten hin konkretisiert. Es hieß, die Arbeitslosigkeit und das Elend werden zu einem Zusammenbruch, zu einem Kollaps dieser Gesellschaften führen,

während im Osten die sozialistische Planwirtschaft und der Kommunismus Zukunft verhießen. »Wir« sind also die Zukunft und der Westen ist die Vergangenheit.

Diese Propaganda wirkte auf zweierlei Ebenen: diejenigen, die an sie glaubten, und davon gab es nicht wenige, schöpften eine Art Begeisterung aus der Tatsache, daß sie sozusagen die Zukunft der Welt verkörperten. Auf diejenigen, die diese Propaganda ablehnten, hatte sie hingegen eine ganz paradoxe Auswirkung: man glaubte einfach nicht mehr an die Kritik des Kapitalismus. Wenn die offizielle Propaganda im Osten behauptete, »drüben« herrsche Elend, Ungerechtigkeit, Kriminalität, Prostitution usw., dann wurde, sozusagen als identitätsstiftende Gegenwirkung, der Westen im Bewußtsein dieser Menschen zu einem Paradies hochstilisiert. Und je weniger die Zukunftsversprechen der Kommunisten eingelöst wurden, desto breitere Bevölkerungsschichten fingen an, den Westen als das Paradies auf Erden zu betrachten.
Andererseits gab es auch eine westliche Propaganda, zunächst durch die Radiokriege der 50er Jahre, über die trotz aller Störungen und Interferenzen das realere Bild der westlichen Welt in das Bewußtsein der osteuropäischen vordrang – und diese Propaganda stellte den Westen in den schönsten Farben dar. Es war klar, daß für einen Ungarn, der in den frühen 50er Jahren nicht reisen durfte, allein die Existenz des Senders »Freies Europa« eine Welt versprach, in der Gerechtigkeit, Freiheit und Demokratie herrschten, und die irgendwann einfach erreichbar sein mußte. Für viele Ungarn wurde der Westen nach dem Oktoberaufstand 1956 auch tatsächlich erreichbar, nämlich als 200.000 Ungarn das Land über die grüne Grenze verließen.
Paradoxerweise führte diese Propaganda des kalten Krieges nun dazu, daß nicht nur die Ostblockvölker an diese Propaganda glaubten, sondern auch die

Öffentlichkeit im Westen. Daher wurden die ungarischen Flüchtlinge damals mit großer Begeisterung aufgenommen (so wie die Ostdeutschen vor der Wende in der Bundesrepublik). In ihnen sah die westliche Welt - und ganz konkret die österreichische Gesellschaft - die Vorkämpfer für jene Werte und Ideen, die der demokratische Westen verkörperte. Von Fremdenfeindlichkeit und Ablehnung dieser Einwanderer konnte damals keine Rede sein. Spricht man mit Leuten jener Generation, so erzählen sie noch heute begeistert darüber, das heißt, sie nahmen das Selbstbild des Westens sehr ernst. Und auch die westliche Öffentlichkeit fühlte sich gewissermaßen moralisch den Werten verpflichtet, die ihre Demokratie verkörperte.

Mit dem 20. Parteikongreß der KPdSU, mit der Enthüllung von Stalins Verbrechen, änderte sich das Bild ein wenig in Osteuropa, und die Entspannung und langsame Annäherung an die übrige Welt zeigte plötzlich ein anderes Bild. Man sprach nicht mehr von der direkten und objektiven Verelendung der westlichen Welt, sondern über verschiedene Tendenzen, die in den Metropolen des Großkapitals den Wohlstand begründen. Die Propaganda gegen die westliche Welt verlagerte sich auf eine Propaganda des Elends in der Dritten Welt. Wie dieses im Westen in den 60er Jahren Gegenstand von Gewissensbissen linker Intellektueller wurde, eignete es sich für die östlichen Systeme vorzüglich zu billigen Propagandazwecken, die Vorzüge und Überlegenheit des Sozialismus zu rechtfertigen. Gleichzeitig schwand das verheißungsvolle Zukunftsbild der frühen sechziger Jahre allmählich mit seinen Versprechen, laut denen die Sowjetmenschen ab '81 keine Steuern mehr hätten zahlen müssen; ab '85 sollte der Sechsstunden-Arbeitstag und die Fünf-Tage-Woche eingeführt werden, Ende der 90er Jahre gar die Polizei selbst verschwinden.

Ich studierte damals in Moskau und erinnere mich, daß die Leute an diese Versprechungen zutiefst glaubten. Es gab, wenn schon nicht ein goldenes Zeitalter, so doch eine großartige Zukunft.
Diese Zukunft verschwand nun immer mehr von der Bildfläche, und an ihre Stelle trat ein neuer Begriff: der real existierende Sozialismus. Das war ein eindeutig defensiver Begriff, ein Geständnis dessen, daß unsere Generation im Grunde im alten Rahmen weiterleben mußte und daß wir die große Gleichheit und Freiheit nicht mehr erleben würden. Das führte in der Sowjetunion zu einem straffen ideologischen System, wobei selbst die Ideologen immer weniger an ihre Ideologie glaubten. In Ungarn versuchten die Funktionäre nach '56 mehr Konsum zu ermöglichen und Freiräume für die Bevölkerung und Intelligenz zu schaffen.

Als 13jähriges Kind erlebte ich diesen ersten Einbruch des Konsums in Ungarn. Er kam zunächst in der Form von Lebensmitteln. Die internationalen Rotkreuz-Pakete, die wir zugestellt bekamen, enthielten dänische Butter, holländische Schokolade und Kakao sowie Orangen, die für kleinere Kinder eine absolute Neuheit waren. Sie fragten, was diese gelbe Frucht sei. Meine Frau, die Russin und in der Sowjetunion aufgewachsen ist, erzählte mir, daß sie über Tomaten ähnlich gestaunt hätte, die damals ebenfalls gänzlich unbekannt waren. Nach den Aufständen von 1956 herrschte in Ungarn eine Zeitlang ein militärischer Ausnahmezustand. Menschenansammlungen auf der Straße wurden nicht geduldet; und die einzigen Menschengruppen, die anzutreffen waren, standen als Warteschlangen vor den Geschäften an. Diese wurden jedoch alsbald über ein größeres Warenangebot aufgelöst, denn Schlangen sind gefährlich. Gleichzeitig wütete noch der Terror im Land. Im Sommer 1957, als 60.000 Menschen interniert waren, kamen aus dem

Westen die ersten Gastspiele nach Ungarn. Im Sommer 1958 gastierte Yves Montand bei uns und die ganze Bevölkerung wollte ihn erleben. Das streue ich jetzt ein, um zu zeigen, welch tiefen moralischen Knick diese Gesellschaft hatte. In praktisch jeder Ostblockgesellschaft gab es irgendeinen moralischen Bruch, der teils das Herrschen erleichterte, teils die Diktatur für die Betroffenen erleichterte.
So vielfältig gebrochen sind wir im Jahre 1989 zur Gemeinschaft der freien Länder gestoßen. Es ist sehr wichtig, sich diese Situation stets bewußt zu halten, wenn wir die Spiegeltheorie von Sartre ernstnehmen wollen, denn dann bedeutet dies, daß wir in den letzten Jahrzehnten mehr Ähnlichkeiten mit dem Westen aufwiesen als wir selber gedacht haben. Die Ideologie verdeckte diese Ähnlichkeiten, aber es gab sie schon immer. So waren auch unsere Gesellschaften industrielle Gesellschaften, wenngleich ihre Leistungsfähigkeit unvergleichlich niedriger war als jene im Westen, und wir hatten gewissermaßen auch eine Konsumgesellschaft. Das bedeutet, daß wir im Grunde mit ähnlichen Problemen zu kämpfen hatten, und daß die Wende diese Probleme jetzt nur ungeheuer verschärft.
Nun, wie hat aber – auf der Spiegelebene – das Feindbild »Osten« für den Westen funktioniert? Man versuchte, den bösen Kommunismus als Rechtfertigung für alles zu gebrauchen. Es gab immer wieder direkte Vergleiche. Simone de Beauvoire erzählt in ihren Memoiren, daß wenn ein linker französischer Intellektueller nach 1956 einen rechten traf und der Rechte fragte: »Und Budapest?«, so frug der Linke darauf: »Und Suez?« Es wurden manchmal auch Dingen dabei miteinander verglichen, die überhaupt nicht vergleichbar sind. So etwa, wenn man das irische Abtreibungsverbot in emanzipierten Kreisen mit dem Argument beschwichtigte, das sei immer noch harmloser oder erträglicher oder besser als die Warteschlangen vor den Fleischer-

läden in Warschau. Wenn in Frankreich Zehntausende von Arbeitern eines Autowerkes auf die Straße geworfen wurden, sprach man gerne von dem traurigen Los der Dissidenten in Ostberlin. Nach dem Motto: Je schlechter, desto besser, machte sich auf beiden Seiten ungezügelt ein perverser moralischer Relativismus breit – bis hin zur unverhohlenen Schadenfreude in den 60er, 70er und 80er Jahren, als man mit Genugtuung feststellte, es sei doch gut so, daß bei ihnen »drüben« nichts klappt. Die Einführung des Kriegsnotstandes in Polen oder der Überfall auf die Tschechoslowakei diente als schöner Beweis für den Westen, daß »so etwas« bei »uns« nicht vorkommen könne. Das stimmte jedoch nur, wenn man die westliche Welt auf ein paar Dutzend Staaten beschränkt. Man tat so, als bestünde diese Welt nur aus Frankreich, Deutschland, Italien; den EG-Staaten also und noch einigen OECD-Ländern. Die Tatsache, daß etwa auch Lateinamerika der freien westlichen Welt angehörte, blieb ausgeblendet. Nach dem Zusammenbruch des kommunistischen Systems ist nun eine neue Situation entstanden, in der es keinen Sinn mehr macht, die Schaufenster in Stockholm mit denen von Sofia zu vergleichen, weil es keine Vergleichsbasis mehr gibt, da es in Europa jetzt nur mehr reiche und arme Staaten gibt.

Ich verbrachte zwei Jahre, '84 und '85, in Westberlin. Auch früher hatte ich schon ein Bild vom Westen, den ich als Tourist bereiste, aber die erste lange Beobachtungsmöglichkeit waren diese beiden Jahre für mich. Was mir auffiel, war eine gelangweilte Kulturmüdigkeit beinahe der ganzen deutschen Gesellschaft. Als Schriftsteller interessierte ich mich natürlich zunächst, was mit den Büchern und der Literatur geschieht. So war ich zum ersten Mal auf der Frankfurter Buchmesse und sah, wie in diesem riesigen Unternehmen die Literatur ein-

fach verschwand. Plötzlich erkannte ich chockhaft, daß es zwar eine grenzenlose Freiheit gab, kein Wort z. B., das man nicht ungestraft aussprechen durfte, aber dennoch, die »Kultur« war zu einem Mechanismus verkommen, der nichts mehr mit Kultur, sondern nur noch mit Handel und Konkurrenz zu tun hat. Das war keine bittere Enttäuschung, sondern nur die bleibende Einsicht, daß hier etwas am Kulturmodell falsch ist.
Später sah ich dann in Berlin, wo es sehr viele alte Leute gibt, eine Art von Vereinsamung, wie sie in keinem sozialistischen Land jemals vorhanden war. Das hängt mit der vorindustriellen dörflichen Natur unserer Gesellschaften zusammen, die durch den Sozialismus teilweise konserviert worden ist.
Eine Kulturkritik an dem westlichen Gesellschaftsmodell halte ich daher für dringend notwendig.
Ich bin sicher, daß Wachstum ein Gesetz der warenproduzierenden Wirtschaft ist, aber ich sehe manchmal keine Logik mehr darin, auch keine kapitalistische Rationalität. Denn um welche Rationalität handelt es sich, wenn ich in Italien holländische Tomaten essen muß, weil die italienische Tomate nicht so schön ist und nicht in die Kiste paßt? Welche Rationalität ist am Werk, wenn in der ehemaligen DDR die ganze Gemüseproduktion kaputtgemacht wird, obwohl sie auch qualitativ bessere Sorten hervorgebracht hat als die westdeutsche?
Oder: Ist es nicht ziemlich absurd, daß man in Moskau keinen russischen Senf mehr kaufen kann, hingegen jede Menge tschechischen oder französischen? Kurzfristig kann diese Situation einigen Firmen Riesenprofite bringen, auf die russische Wirtschaftsreform wirkt sie sich aber verheerend aus.

Trotzdem gibt es zur Marktwirtschaft keine Alternative in Osteuropa. Dieses Fehlen jeder Alternative ergibt sich aus der Pleite des realen Sozialismus. Was ver-

mieden hätte werden müssen, war der Zusammenbruch der Ostmärkte '88 und '89 als Länder wie Ungarn, Polen oder die Tschechoslowakei noch eng mit Rußland verbunden waren. Es gab schon nicht mehr diese sowjetische ökonomische Übermacht, und es gab bestimmte Waren, die in der Sowjetunion einen Absatzmarkt gefunden hätten; und der sowjetische Rohstoff wiederum hatte die DDR und Ungarn nötig, um die Arbeitslosigkeit nicht so hochschnellen zu lassen. Das war eine reale Alternative, die viele Ökonomen in Ungarn damals befürworteten.
Der Zusammenbruch des Ostmarktes führte dazu, daß dieser ganze Raum für den Westen zum einzigartigen Absatzmarkt für billige und schlechte Konsumwaren wurde. Das ist sehr problematisch, denn man könnte ja auch eine andere Art von vorsichtiger Kapitalinvestition versuchen. Das zentrale Problem freilich des Wettbewerbswettlaufes, eine Art ewiger Wettlauf wie der zwischen dem Igel und dem Hasen, den die Länder des ehemaligen Ostblocks nicht gewinnen können, bliebe aber auch dann bestehen.
Eine Völkerwanderung jedoch, wie sie mit lustvollem Grauen von den Medien in der westeuropäischen Öffentlichkeit ausgemalt wird (»Die Russen kommen!«), dürfte kaum realistisch sein, da die Menschen, auch im ehemaligen Ostblock, solange es keinen Krieg gibt, bei aller Armut mehrheitlich zuhause bleiben. Augustinus hat gesagt, daß es eine gewisse Toleranzgrenze gibt, eine gewisse Geduld bei den Menschen, mit der sie selbst Tyrannei ertragen können. Zu einer Rebellion kommt es nur, wenn diese Grenze überschritten ist, das gilt auch für Elend und Armut.
Die Hauptgefahr, die von Osteuropa her droht, ist also nicht eine hypothetische Völkerwanderung, sondern ganz real die Möglichkeit, daß heute lokale Kriege nicht mehr gestoppt werden müssen. In diesem Sinne war und ist der Jugoslawienkonflikt die größte Herausforderung für

den Westen, der bisher sehr wenig Bereitschaft gezeigt hat, diesen Krieg als eine Art postkommunistisches Chaos aufzufassen. Mit solchen kriegerischen Konflikten fertigzuwerden bedeutet, die befürchteten Migrationen erst gar nicht aufkommen zu lassen. Wenn an Jugoslawien ein Beispiel hätte statuiert werden könnte, wie man Frieden schafft, dann wäre das der eigentliche Triumph des Westens auf diesem Gebiet gewesen.

Die Jahre '88 und '89 wurden von einer Illusion beherrscht: eignen wir uns einmal die Werte der Demokratie und der Freiheit an, führen diese im Osten fast automatisch zu denselben Erfolgen, zu denen sie auch im Westen geführt hatten. So konnte man das Ausmaß der sozialen Verwerfungen, wie z.B. die Arbeitslosigkeit, kaum vorausahnen. Vielmehr war die ungarische Öffentlichkeit davon überzeugt, daß eine rationale, ideologiefreie Organisation und das freie Unternehmertum die schöpferische Kraft der Gesellschaft wirklich entfalten werde. Die demokratischen Parteien priesen lauthals die Vorzüge der sozialen Marktwirtschaft. Doch wenn sie den Westen ein bißchen genauer beobachtet hätten, wären sie vielleicht zur Einsicht gekommen, daß Marktwirtschaft keineswegs aus sich selbst sozial wird. Das soziale Netz im Westen ist ein historisches Produkt: 100 Jahre Arbeiterbewegung, um nicht zu sagen Klassenkampf, steht dahinter.
Die Enttäuschung dieser Erwartung läßt sich am besten an der ehemaligen DDR betrachten, weil sie das einzige Land ist, das auch als Land zu existieren aufgehört hat. Ihre Staatlichkeit wurde durch den Systemwechsel bekanntlich in Frage gestellt, und es sieht so aus, als hätte die Bundesrepublik ein Stück Kommunismus, ein Stück Ostblock geschluckt, der natürlich voll mit Giften und Zersetzungsprodukten ist, und das ist das, was wir jetzt sehen. Die Zustände in der ehemaligen DDR sind jedem, der in einem anderen Ostblock-

land lebt, nachvollziehbar, denn die Mentalität der Bevölkerung der ehemaligen DDR ist der polnischen oder der ungarischen näher als der westdeutschen. Das, was in der ehemaligen DDR geschieht, ist kein finanzielles oder soziales Problem im eigentlichen Sinne, sondern ein moralisches und lautet: Ohne Produktion kann keine Gesellschaft existieren.
Kapitalismus einzuführen ist gewissermaßen viel schwieriger als Sozialismus aufzubauen. Dabei war letzterer in diesen Ländern völlig unorganisch präsent und es dauerte Jahrzehnte, bis das System einigermaßen stabil funktionierte. Kapitalismus sollte eigentlich Ergebnis einer organischen Entwicklung sein, was natürlich keine Sache von fünf Jahren ist, auch keine Sache von Investitionen, sondern eine Frage von Kultur, unter anderem einer technischen Kultur, die übrigens in den größten Teilen dieser Welt nicht vorkommt. Ich erinnere da nur an Straßenautomaten, die im Osten, sofern überhaupt vorhanden, gänzlich unbrauchbar sind.

Das wichtigste postkommunistische Phänomen ist allerdings der neue Nationalismus, die Rückkehr zu den alten Werten der Zwischenkriegszeit in Osteuropa. Der Prozeß der Rückbesinnung begann in den späten 70er und frühen 80er Jahren. Je schwächer das kommunistische Zukunftsbild wurde, desto stärker entwickelte sich diese Nostalgie. Dort, wo die Zukunft der Vergangenheit angehört, hat die Vergangenheit eine große Zukunft.
Wenn die autoritäre, nationalistische, klerikale Zwischenkriegszeit für viele Ungarn in einem neuen Licht erscheint, sollten wir diese Rückbesinnung nicht rein negativ sehen. Einerseits war die Vergangenheit zu lange tabuisiert, andererseits gingen bestimmte Traditionswerte mit der einbrechenden Marktwirtschaft zugrunde. So verfügte die Kultur in allen ostmitteleuropäischen Ländern bereits vor dem Kommunismus über eine

Art vorindustriellen Charme. Sie fungierte häufig als Ersatz für die zivile Gesellschaft, und diese Tradition war mit dem Kommunismus noch stärker geworden. Der andere Grund für den neuen Nationalismus ist eine panische Angst vor dem Kapital als Ordnungsprinzip. Sämtliche nationalistischen Ideologien basieren auf dieser Angst oder manipulieren mit ihr. Sie ist teilweise berechtigt. Die Osteuropäer spürten zunächst fast nur die Nachteile des neuen Wirtschaftssystems. Es erwies sich in vielen Gebieten als verheerend. Die Befreiung von der Diktatur bewirkte eine Euphorie von kurzer Dauer, die an den Anfangsschwierigkeiten des Systemwechsels zerbrach.

Nicht nur der Nationalismus, auch Äußerungen des Nationalgefühls werden im Westen immer wieder mit Befremden aufgenommen. Wenn ungarische Intellektuelle in den 70er Jahren Silvester feierten, dann sangen sie Schlag Zwölf die Nationalhymne. Wenn Westjournalisten dabei waren, besonders deutsche, hatten sie es bestenfalls als Groteske empfunden, daß plötzlich ganz ernsthafte und ansonsten sehr ironische Leute sogar aufstanden und die Nationalhymne sangen. Ich muß sagen, ich bin kein Nationalist, ich fühle mich nicht besonders patriotisch, aber ich singe immer mit, weil ich mich einer Tradition zugehörig fühle. Diese Tradition hat einen jahrhundertelangen Kampf gegen die Türken oder die Habsburger überlebt – und sie behauptete sich in vielen Fällen selbst gegenüber der deutschen Wehrmacht im Jahre 1944. Im Herbst 1956 manifestierte sich dieses Nationalgefühl gegenüber der sowjetischen Unterdrückung. Ähnliches verspüren die Polen, auch die polnischen Intellektuellen, wenn sie die polnische Nationalhymne singen. Dafür brauchen die Osteuropäer einfach Verständnis. Und obwohl falsches Pathos und Ressentiments gegenüber Nachbarvölkern mit Recht auf Ablehnung stoßen, hat das

Bernd Guggenberger, Das Alphabet der Zweige

Nationalgefühl auch etwas Gutes und kulturell Annehmbares. Gegenüber linken deutschen Freunden, die aufgrund ihrer Geschichte ein gestörtes Verhältnis zu Nation und Nationalgefühl haben, argumentiere ich immer: »Ja, wenn in Österreich ein normales Nationalbewußtsein dagewesen wäre, hätten am Heldenplatz Hitler nicht so viele empathisch begrüßt.«
Historische Photos zeigen, wie Hitler im März 1939 am Wenzelsplatz von den Tschechen empfangen wurde: mit Haß und Trauer. Diese Gefühle fehlten vielen Österreichern angesichts der deutschen Okkupation. Die österreichische Identität konnte sich erst nach dem Staatsvertrag im Jahre 1955 entwickeln. Selbst heute mangelt es jedoch noch vielfach an historischem Bewußtsein. Wenn ich einen jungen Österreicher frage, was am 13. März 1848 geschah, weiß er davon fast gar nichts. In Ungarn hatte die kommunistische Macht am 13. März eines jeden Jahres höchste Alarmbereitschaft für die Polizei verordnet, da sich an diesem Tag die Märzrevolution jährt.

Freiheit und Demokratie werden von den einzelnen in Osteuropa in sehr unterschiedlichem Maße gebraucht. Selbst in den westlichen Gesellschaften gibt es eine große passive Masse, für die es im Grunde egal ist, welche politische Partei an der Macht ist. Solange es nicht um Steuern und die eigene Tasche geht, kümmern sich sehr viele nicht um Politik.
Was im Osten heute fehlt, ist ein fundiertes Demokratie-Know-how. Ein Vertreter der Österreichischen Hochschülerschaft berichtete vom Kongreß der demokratischen Jugend in Albanien, der Jugendorganisation der Demokratischen Partei, der größten Oppositionspartei, die die Kommunisten an der Macht abgelöst hatte. Ein Delegierter wurde dort von der Rednerliste gestrichen, nur weil er seinen Beitrag nicht vorher schriftlich eingereicht hatte, was, wie wir wissen, eine

kommunistische Gewohnheit war. Ich möchte dringend abraten, diese Menschen nun deshalb zu verspotten oder auch nur zu belächeln, denn sie haben einfach keine Ahnung von Versammlungen, wo die Reden nicht vorher schriftlich eingereicht werden. Es fehlt ihnen jede Erfahrungen, so wie sie auch in Ungarn fehlt, obwohl Ungarn fast den Gipfel der Ostblockzivilisation darstellte. Selbst bei uns reicht mancherorts noch heute ein einziges strengeres Wort aus, um einen Hörsaal zum Schweigen zu bringen.

Was kann man aus dem Kommunismus, wenn überhaupt, lernen?

Erstens, daß er kein Teufelswerk war, sondern die Folge der Rückständigkeit einer ganzen Region, einer Fehlentwicklung schon in der vorkommunistischen Zeit; und daß ein Geflecht von Gewalt und Lüge solch rückständige Gesellschaften jahrzehntelang beherrschen kann. Die Gewalt war aber nur solange erfolgreich, solange die Wirtschaft funktionierte. In den 70er und 80er Jahren, als wir nur noch dank der Infusion westlicher Kredite lebten, wurde die Gewalt etwas schwächer, und die Lüge nahm den ersten Platz ein; nicht die große ideologische Lüge mit dem Zukunftsbild, sondern das Verschweigen der tatsächlichen Situation, die kleinen Illusionen und Freiheiten. Diese Lüge erwies sich in manchen Gesellschaften des Ostblocks stärker als die Gewalt.

Die ersten Jahre der Demokratie in Ungarn haben gezeigt, daß man mit der Macht des freien Wortes allein recht wenig ändern kann. Mit einer Volksbewegung wäre gewiß mehr möglich, doch diese ist nicht in Sicht, da die Massen passiv und verbittert sind und nicht die Kraft haben, ständig zu kämpfen.

»Demokrat zu sein bedeutet, keine Angst zu haben«, hatte István Bibó, ein großer politischer Denker Ungarns (1911-1979) immer wieder betont. Keine Angst vor Verschwörungen, vor Revolution, vor Konterrevolu-

tion. Diese Angstlosigkeit, dieses Gefühl frei zu sein, war in der Euphorie des Systemwechsels noch da, mittlerweilen ist es weitgehend verschwunden. Im Westen gehört es zum Grundbefinden, sich frei und gleichberechtig zu fühlen. In Osteuropa sind jedoch noch immer sehr sehr viele Menschen den Herrschenden dafür dankbar, daß sie ihnen die demokratischen Rechte »gebracht« haben.
Im Osten sagt man, die Optimisten seien die wohlinstruierten Pessimisten und die Pessimisten seien die gutinformierten Optimisten. Ich habe die Erfahrung gemacht, daß es im Westen natürlich mehr Chancen gab, überhaupt die Wahrheit herauszukriegen. So war zwar die ökologische Idee auch hier vor 20 Jahren als Idee von Spinnern abgetan, als aber die Leute tatsächlich zu spüren begannen, daß es so mit der Umwelt nicht weitergeht, war es urplötzlich keine Sache von Spinnern mehr. Und ich bin sicher, daß in diesem Zusammenhang auch im Westen eine Wende notwendig wäre, um hier einen wirklichen Durchbruch zu schaffen. Ich glaube nicht mehr, daß eine politische Elite fähig ist, solche Sachen überhaupt allein durchzusetzen. Es fehlt an direkter Demokratie. Es wäre also höchst leichtsinnig, jetzt mit der Kritik des Kapitalismus aufzuhören. Wenn überhaupt, dann braucht dieses System jetzt eine klare und rationale Kritik. Das ist vielleicht aus Wahlpropagandagründen unpopulär, aber ich bin sicher, daß die westlichen Politiker in den nächsten Jahren noch manche unpopulären Sachen machen müssen. Also keine Angst vor unpopulären Gedanken!

Die Politikerelite im Osten (und im Westen?) behandelt die Öffentlichkeit nach dem Motto: »Wir haben die Macht und ihr habt die Demokratie.« Pluralismus, freie Wahlen und demokratische Institutionen fehlen auch bei »uns im Osten« nicht mehr, die Art der Machtausübung scheint jedoch den Spielregeln der Demokratie kaum zu entsprechen. Informelle Machtzentren und Lobbys entscheiden in den meisten Fragen. Nun, was hat das mit Moral zu tun?

Geschichte, Moral, Rationalität und Politik gehören zusammen. Der bereits genannte István Bibó sagte einmal, daß Lüge in der Politik sehr oft die Zündschnur für genau die Situation wird, die sie verhindern möchte. Man kann in der Politik natürlich Lügen und Märchen erzählen, das ist übrigens eine Lehre aus dem Spätkommunismus, aber irgendwann wird man mit der ganzen Realität konfrontiert. Die Tragödie der reformkommunistischen Elite lag darin, daß sie, wenn überhaupt, dann zu spät, der Wahrheit in die Augen schauen konnte – eine Lehre auch für nichtkommunistische Politiker. Die Tatsache, daß die freie oder soziale Marktwirtschaft höchstens in einigen Dutzend Ländern erfolgreich ist, müßte eigentlich nicht nur als moralisches Problem, sondern auch als rationales Problem erscheinen.

Unter der Herrschaft des Stalinismus, der eine Industrialisierungsdiktatur war, galt der von Stalin formulierte Spruch: »Der Mensch besiegt die Natur!«
Er war dies eines der wenigen Versprechungen des Systems, das auch eingelöst wurde. Ich meine, die Art, wie der industrielle Sozialismus die Natur behandelte, war nur eine Widerspiegelung dessen, wie er den Menschen behandelte. Das ist auch eine Lehre für die nichtkommunistischen Gesellschaften.

Zu den Autoren

GYÖRGY DALOS, Schriftsteller, Mitglied des PEN Club Ungarn

PROF. DR. BERND GUGGENBERGER, Gastprofessor für Sozialwissenschaften in Berlin und Standford, Leiter des Deutschen Institutes für angewandte Sozialphilosophie in Bergisch-Gladbach

PROF. EUGEN BISER, emeritierter Professor für Fundamentaltheolgie, ehemaliger Inhaber des Guardini-Lehrstuhls für Christliche Weltanschauung und Religionsphilosophie in München, Leiter des Seniorenstudiums an der Universität München

PROF. DR. HERMANN LÜBBE, emeritierter Professor für Philosophie an der Universität Zürich, vormals Bielefeld und Ruhr-Universität Bochum; ehemaliger Staatssekretär im Kultusministerium von Nordrhein-Westfalen

PROF. DR. KLAUS MICHAEL MEYER-ABICH, Professor für Naturphilosophie an der Universität Essen, ehemaliger Senator für Wissenschaft und Forschung in Hamburg

DR. KLAUS WOLTRON, Unternehmer, ehemals Generaldirektor der Asea Brown Boveri (ABB) in Österreich und Umweltsprecher der Sektion Industrie der Österreichischen Bundeswirtschaftskammer

DR. TILMAN MOSER, Psychoanalytiker

DIPL.-VOLKSWIRT PETER MÜHLSCHLEGEL, Bankkaufmann

PROF. DR. DIETER SCHNEBEL, Komponist, Theologe und emeritierter Professor für experimentelle Musik und Musikwissenschaften an der Hochschule der Künste in Berlin